Comment j'ai lu des romans d'amour

transbordeurs
éthique et esthétique de l'autre hémisphère

Avec le soutien de l'association Matmata

couverture et dessins de Stéphane Heuet
photos, Centre des Écrivains du Sud

97, traverse de la Gouffonne – 13009 Marseille – France
Courriel : transbordeurs@wanadoo.fr

ISBN : 978-2-84957-130-9

Centre des Écrivains du Sud-Jean Giono

Comment j'ai lu des romans d'amour

transbordeurs

à Auguste Bourgeade

Paule CONSTANT

Comment se préparent les Journées des Écrivains du Sud

Paule Constant

Tout commence lorsque, en juin 2006, au Centre culturel suédois de Paris, Björn Larsson me raconte que les étudiants se pressent au cours qu'il donne à la Sorbonne sur le roman d'amour. Ainsi, ce genre désuet et méprisé par la critique contemporaine attire de vrais amateurs de littérature. Nous décidons ensemble de ces Journées des Écrivains du Sud 2007, dont il écrira les grandes lignes pour nous rappeler que tout roman digne de ce nom est d'abord un roman d'amour. À moi de trouver les protagonistes, les écrivains qui joueront le jeu et qui s'assembleront sans se contrarier. Robert Kopp me propose alors de revenir avec Platon aux origines de l'analyse du sentiment amoureux. Et Michel Déon lui a emboîté le pas en ressuscitant, sur un rivage grec, la mémoire de Nausicaa. Il était pour moi évident que Danièle Sallenave choisirait un roman des sœurs Brontë. Avec *La Fraga*, c'est dans cette zone de l'imaginaire amoureux que je la situais et elle a fait plus que combler mon attente en nous donnant un époustouflant *Jane Eyre*. Comme j'avais été très impressionnée par l'érotisme de *La Chambre blanche*, j'ai demandé à Christine Jordis de revisiter *L'Amant de Lady Chatterley*. Subtile et savante comme toujours, elle a sublimé le sujet en le projetant dans l'amour de la nature chez D.H. Lawrence. Je voulais associer Camille Laurens et Mona

Ozouf autour de Benjamin Constant, en demandant à Mona d'analyser le sentiment amoureux dans les romans, peu connus aujourd'hui, de Madame de Staël, et à Camille de nous présenter le point de vue masculin de ces romans avec l'*Adolphe* de Benjamin Constant. Si Camille Laurens nous a fait le portrait de « Benjamin l'inconstant », Mona Ozouf s'est envolée, pour notre plus grand bonheur, sur *Les Ailes de la colombe* de Henry James. De la même façon, j'ai voulu regrouper Alain Mabanckou et Daniel Picouly pour qu'ils décrivent les univers dans lesquels l'amour échappe au roman traditionnel pour trouver d'autres formes d'expression, comme le roman-photo. La troisième association fut celle, si évidente, de Michèle Gazier et de Pierre Lepape. Sans surprise, Michèle Gazier est revenue à *Don Quichotte* pour non seulement analyser les romanesques amours du héros mais aussi démontrer, avec quel brio, que la littérature est le territoire même de l'amour. Pierre Lepape s'est tourné vers la correspondance de Diderot et de Sophie Volland, me convainquant qu'une correspondance peut être un roman. Ce n'est pas Christiane Baroche qui pouvait le contredire en revisitant les *Liaisons dangereuses*, le roman-fétiche auquel elle a osé donner une suite qui est, comme on le sait, un roman épistolaire. Je voulais qu'Elisabeth Roudinesco nous parle des perversions en amour. Elle a répondu à mon souhait en analysant de façon magistrale le comportement de Jean Valjean, vierge, père, mère et veuf de Cosette, et qui se laisse mourir d'amour pour l'enfant que son corps d'homme n'a pas pu enfanter. Longtemps, Gilles Lapouge ne m'a parlé que de

Madame de Rênal et de Mathilde de la Mole, aussi la surprise a-t-elle été forte lorsqu'il nous a plongés dans l'univers érotique de Tanazaki. Je pensais aussi que Stéphane Heuet décrirait les amours de Swann et de Gilberte, qu'il a si bien dessinées. Mais c'est dans *L'Atlantide* qu'il nous a entraînés pour célébrer *Antinéa* et il est revenu au romancier allemand Michaël Kleeberg, nouveau traducteur de la *Recherche,* de rendre hommage à l'incontournable Marcel Proust. Carte blanche à Anne-Marie Garat. L'auteur de *Dans la main du diable* est si éclectique, si étonnante, que l'on s'attend toujours de sa part à une merveilleuse surprise. Et devant nous, elle a réussi le grand écart inimaginable entre saint Augustin et Delly.

Ce fut un bonheur d'accompagner pendant une année entière chacun de ces grands écrivains vers les choix intimes de la littérature qu'ils aiment, et un bonheur encore de surprendre, une fois les Journées terminées, une conversation entre Björn Larsson et Pierre Lepape, où Björn encourageait Pierre à écrire ce fameux essai qui manque sur les romans d'amour. Michèle Gazier vient de me le confirmer : Pierre Lepape est en train de l'écrire...

Paule Constant

Paule Constant a passé la première partie de sa vie dans les pays du Sud, au Cameroun, à Djibouti, en Tunisie, au Laos, au Cambodge, en Côte d'Ivoire. En 1975, elle se fixe à Aix-en-Provence où elle écrit tous ses livres. *Ouregano* (**Prix Valery Larbaud**), *Balta, White Spirit* (**Grand Prix du**

roman de l'Académie française 1990, **Prix François Mauriac**), forment une trilogie africaine. C'est aux États-Unis que se situent les actions de *Confidence pour confidence* (**Prix Goncourt** 1998) et *Sucre et secret* (**Prix Amnesty international des droits de l'homme, prix du roman** 2003). *La Fille du Gobernator,* dont l'action se déroule au bagne de Cayenne, fait le lien entre l'univers tropical et l'univers américain tout en reprenant les thèmes de l'éducation des filles que l'on trouve dans *Propriété privée, Le Grand Ghâpal* et *Un monde, à l'usage des Demoiselles* (**Grand Prix de l'essai de l'Académie française** 1987). Son dernier roman, *La Bête à chagrin,* qui se déroule dans la région marseillaise, est un thriller psychologique qui interroge sur les notions d'innocence et de culpabilité. Après *La Fille du Gobernator, Sucre et secret, La Bête à chagrin* complète une « trilogie des prisons ».

Paule Constant a créé en 2000 à Aix-en-Provence le Centre des Écrivains du Sud-Jean Giono pour promouvoir la littérature française contemporaine. Professeur des Universités, Docteur d'État ès lettres et sciences humaines, elle enseigne la littérature à l'Institut d'Études Françaises pour Étudiants Étrangers (Université Paul Cézanne). Elle est membre de nombreux jurys de prix littéraires, dont le prix Femina, le prix François Mauriac, le prix Giono, le prix RFO, le prix Valery Larbaud.

Site www.pauleconstant.com

Björn LARSSON

À quoi ça sert de lire des romans d'amour... et de les écrire ?

Björn Larsson

“S’il suffisait d’aimer,
les choses seraient trop simples.”
Camus, *Le Mythe de Sisyphe*

Cela sert-il à quelque chose de lire des romans d’amour ou de les écrire ? On peut en douter, du moins si l’objectif est d’apprendre à mieux aimer.

D’abord, cela fait trois mille ans que les écrivains parlent d’amour, sans qu’on puisse observer de véritables progrès dans les affaires d’amour. En matière d’amour, il semblerait plutôt que nous sommes aussi incorrigibles que les Gaulois dans le village d’Astérix et Obélix. Non seulement nous refaisons les mêmes bêtises que ceux qui y sont passés avant nous, mais nous répétons également nos propres erreurs, malgré toutes les bonnes résolutions prises au dernier échec.

Certains objecteraient peut-être que le divorce est aujourd’hui permis un peu partout, laissant à chacun le champ libre pour chercher l’amour de ses rêves. Mais on pourrait tout autant y voir le signe d’un échec : en Suède, le taux de divorces atteint aujourd’hui les quarante pour cent. Le divorce représente sans aucun doute un progrès pour la vie en société – notamment pour les femmes – mais est-ce pour autant un progrès dans les rapports amoureux ou pour nos capacités d’être heureux en amour ? C’est moins sûr.

D'autres pourraient invoquer qu'on ne meurt plus de chagrin d'amour comme autrefois. C'est possible. Cependant, le plus grand nombre des meurtres commis sont toujours des crimes passionnels et la jalousie continue à faire des ravages.

Les partisans du progrès pourraient également faire valoir que la plupart d'entre nous peuvent choisir de nous marier avec la personne aimée, sans demander la permission aux parents. Mais cette liberté acquise, qui n'est pas négligeable, concerne le mariage plutôt que l'amour. Et l'on sait que la liberté de se marier d'amour reste bafouée dans de nombreux pays du monde.

En tout cas, c'est en vain qu'on cherche dans la littérature elle-même quelques raisons d'optimisme : de *Tristan et Yseut* jusqu'à *L'Éducation sentimentale*, en passant par *La Princesse de Clèves* et *La Nouvelle Héloïse*, il n'y a pas un seul grand roman d'amour où les amants, après avoir surmonté les obstacles qui se dressent sur leur chemin, vivent heureux jusqu'à la fin de leurs jours.

Ou pour être plus précis : ou bien les romans d'amour se terminent bien, mais alors ce sont des romans idylliques sans grand intérêt existentiel ou esthétique, ou bien ce sont des chefs-d'œuvre d'une profondeur et d'une beauté hors normes, mais alors l'amour finit en catastrophe. De deux choses l'une, en généralisant sans doute abusivement : ou bien nous nous inspirons des romans d'amour heureux pour aimer, mais alors nous courons le risque de rejoindre la pauvre *Emma* dans sa déception désespérée lorsqu'elle découvre que la passion des romans d'amour est un leurre sans contrepartie dans le monde réel ; ou bien nous suivons les chemins de Tristan et Yseut, de Roméo et Juliette, de Nemours et de la princesse de Clèves, de Saint-Preux et Héloïse, de Julien Sorel et Mme de Rênal et de tant d'autres, mais alors nous avons de bonnes chances de finir comme eux, c'est-à-dire dans un désespoir sans limites, si encore nous sommes en vie. Que nous lisions les romans roses ou les grands romans d'amour, le résultat semble être le même : douleurs et déceptions à n'en plus finir.

Et pourtant elle tourne ! Les romans qui ont l'amour pour sujet principal doivent se compter par des centaines de milliers, voire des millions. Si on ajoute au roman la chanson, la poésie et le cinéma, on ne peut que tirer la conclusion que notre besoin de consommer des représentations de l'amour est insatiable. La question qu'on doit se poser est celle de savoir ce qui motive cette frénésie de parler et d'entendre parler de l'amour, et surtout de l'amour impossible et malheureux.

Pouvons-nous puiser dans la littérature la force pour surmonter un chagrin d'amour, pour affronter un adultère ou pour sortir indemne d'un divorce ? La lecture de *Madame Bovary* peut-elle nous aider à éviter de finir comme la pauvre Emma qui, elle, justement, avait lu trop de romans d'amour romantiques ? Ou faut-il au contraire craindre que la lecture des romans d'amour nous donne une image déformante – et de fausses espérances sur l'amour dans la vie réelle – comme Emma Bovary encore ? Devons-nous suivre l'exemple de ceux qui luttent pour se protéger contre les méfaits de l'amour-passion : Mariane dans *Les*

Lettres portugaises, la princesse de Clèves, Julie dans *La Nouvelle Héloïse* ou Mme de Mortsauf dans *Le Lys dans la vallée* ? Ou devons-nous au contraire nous laisser aller à la manière de des Grieux dans *Manon Lescaut* ? Ou succomber comme Mme de Rênal du *Rouge et le Noir*, comme la présidente Mme de Tourvel des *Liaisons dangereuses* ou encore comme Clélia dans *La Chartreuse de Parme*, fût-ce dans le noir, pour tenir la promesse qu'elle avait faite de ne jamais regarder Fabrice dans les yeux ?

Pour tenter d'apporter des réponses à ces questions, j'avais décidé, il y a quelques années, de consacrer un séminaire à la Sorbonne nouvelle au roman d'amour. Le titre du séminaire était « Lire pour aimer ». Dans le descriptif du séminaire, j'avais précisé que l'objectif du cours était « d'apprendre à mieux aimer ».

Le séminaire attira une quarantaine d'étudiants, dont la grande majorité était des femmes. De toute évidence, le sujet était prenant. Vu l'omniprésence de l'amour dans la littérature, je m'attendais naturellement à ce que la critique littéraire eût montré un intérêt égal pour la littérature d'amour et qu'il y aurait des bibliothèques entières d'études critiques sur le sujet.

À ma grande surprise, cependant, je n'ai trouvé que peu de chose. « Silence quasi général sur le roman d'amour dans la critique et la recherche institutionnelle de la littérature », constate Ellen Constans dans *Parlez-moi d'amour*, l'une des rares études contemporaines de quelque envergure sur la représentation littéraire de l'amour. Certes, on n'oubliera ni le classique *L'Amour et l'Occident* par Denis de Rougemont, même si celui-ci a été publié en 1938, ni quelques autres travaux, notamment américains. Il n'empêche que l'ampleur du désintérêt de la critique littéraire pour la chose amoureuse prend les dimensions d'un parti pris ou d'un rejet, sur lesquels on pourra s'interroger. Ou serait-ce tout simplement que l'omniprésence de l'amour dans la littérature a fini par obnubiler la perception des chercheurs – de la même manière qu'un stimulus infiniment répété finit toujours par perdre son effet ?

L'amour, bien sûr, n'est pas seulement la grande affaire de la littérature, mais de la vie tout court. Devant le silence des critiques, je me suis tourné vers les psychologues et les sociologues. Or, si les rayons des librairies sont remplis de manuels pratiques sur la vie en couple, sur la jalousie et – surtout – sur la sexualité, les études sérieuses sur l'amour en tant que tel, à quelques exceptions près, brillent par leur absence.

Alberoni, qui, dans *Je t'aime*, propose d'élaborer une science de l'amour, souligne ainsi l'absence d'études sur le phénomène amoureux. Pierre Burney, dans une brève synthèse, *L'Amour*, constate pour sa part que « l'histoire générale de l'amour n'a jamais été écrite ». Certes, comme pour la critique littéraire, on trouve ici et là quelques ouvrages, notamment de la part des historiens et des biologistes, mais il semblerait que les scientifiques, à l'instar des critiques littéraires, ont laissé aux romanciers et aux poètes de parler sérieusement de l'amour. Pourquoi ? Est-ce, comme le suggère Pierre de Lagarde, parce qu'il manque aux sociologues et aux psychologues « on ne sait quoi qu'apporte le poème, cette analyse irremplaçable que nous livre le roman » ? C'est possible.

Mais c'est quoi, plus précisément, qu'apportent les poètes et les romanciers ?

En tout cas, nous voilà devant quelques intrigants paradoxes ! D'un côté, un besoin insatiable de parler de et d'entendre parler d'amour, et, de l'autre, un désintérêt quasi total de la part des critiques et des scientifiques d'essayer de comprendre l'amour. D'un côté, le mythe tenace de l'amour éternel, heureux et unique entretenu par les romans romantiques, de l'autre, ce même mythe constamment démenti par les grands romans d'amour.

Parler d'amour

Il y a là déjà, me semble-t-il, matière à alimenter nos discussions. Mais avant de lancer les débats, il faudra prévenir les intervenants et le public : à l'en croire les écrivains, parler d'amour est à nos risques et périls. On connaît la maxime de Rochefoucauld : « Bien des hommes n'auraient jamais été amoureux s'ils n'avaient entendu parler d'amour. ». Valmont, dans *Les Liaisons dangereuses,* lui fait écho, même si pour lui – symptomatiquement et ironiquement – ce sont d'abord les femmes qui doivent faire attention (après tout, c'est Valmont qui devient la première victime de son propre jeu de séducteur) : « Or, vous savez assez que femme qui consent à parler d'amour finit bientôt par en prendre, ou au moins par se conduire comme si elle en avait ». Julie, dans *La Nouvelle Héloïse,* reproche à sa mère de lui avoir trop prévenu contre les dangers de la passion. Selon Julie, sa mère aurait mieux fait de se taire pour ne pas attiser la curiosité et les envies de sa fille. On se rappelle aussi Fabrice, dans *La Chartreuse de Parme*, qui pendant longtemps cherchait à tomber amoureux parce que tous autour de lui vantaient les mérites de l'amour.

D'un autre côté, les romans d'amour nous apprennent aussi que ce n'est pas parce qu'on a envie d'aimer qu'on tombe amoureux. Au contraire, s'il y a bien un constant de la littérature d'amour classique, c'est que l'amour-passion commence par le coup de foudre. Du philtre bu par Tristan et Yseut au regard échangé entre Clélia et Fabrice, l'amour naît sans préparations et arrive sans avertissements (à l'exception encore des *Liaisons dangereuses*). Le cas du Chevalier des Grieux est à ce titre exemplaire : après avoir seulement regardé Manon Lescaut pendant un court moment, le chevalier se trouve « enflammé tout d'un coup jusqu'au transport ». Mais on pourrait aussi citer Mariane, des *Lettres portugaises*, qui déclare à son amant : « Je vous ai destiné ma vie aussitôt que je vous ai vu ».

Voilà ce qui est rassurant : parlant d'amour, nous aurons peut-être *envie* d'aimer, mais ce n'est pas pour autant que nous tomberons nécessairement amoureux. En matière d'amour, il ne suffit pas de vouloir pour pouvoir.

Mais si le risque de tomber amoureux en parlant de l'amour est sans doute négligeable, il reste, à l'en croire encore nos écrivains d'amour, un autre obstacle à surmonter, à savoir que nous ne pouvons savoir ce qu'est réellement l'amour sans l'avoir expérimenté.

Je ne sais si Paule Constant, on choisissant les participants à ce colloque, a demandé à chacun son CV amoureux. Mais si les écrivains d'amour ont raison, seuls auraient dû être invités ceux d'entre nous qui ont eu la chance d'aimer passionnément.

Et encore ! Car même si nous avons connu l'amour, il reste la difficulté – souvent commentée dans les romans d'amour mêmes – de le transmettre aux autres par des mots. Aussi bien Mariane des *Lettres portugaises* que des Grieux de *Manon Lescaut* se plaignent de l'insuffisance des mots pour expliquer aux autres la passion. Voilà un autre des multiples paradoxes qui caractérisent la littérature d'amour : d'un côté, on lit et écrit des romans d'amour sans cesse, de l'autre, les écrivains nous disent qu'il est impossible ou peu s'en faut de décrire véritablement l'amour. Et même si un grand écrivain peut exceptionnellement y arriver, le lecteur qui n'a pas lui-même vécu un grand amour ne saura comprendre de quoi il s'agit !

La littérature d'amour est pleine de ce genre de paradoxes. J'irai même jusqu'à dire que l'une des premières caractéristiques du roman d'amour est d'être traversé par des contradictions, au point où l'on a parfois l'impression que chaque affirmation, chaque idéal ou chaque vérité est immédiatement miné par son contraire.

Quelques paradoxes de l'amour-passion

On « sait » que l'amour rend fou. Comme le dit très succinctement Chrétien de Troyes dans *Cligès ou la fausse morte* : « Amour fait bien d'un sage un fou ».

Il s'ensuit que la personne qui aime passionnément aura des difficultés à voir la réalité telle quelle est ; d'où l'idée que « l'amour rend aveugle ».

Cependant, cette « vérité stéréotypée » – que la passion est une folie qui rend aveugle – est rarement représentée telle quelle dans la littérature d'amour. Au contraire, d'œuvre en œuvre, à commencer par *Tristan et Yseut*, on voit comment les amants, pour cacher leur amour, trouvent en eux des ressources insoupçonnées d'intelligence et d'hypocrisie. Non seulement les passionnés mentent comme des arracheurs de dents, mais leurs mensonges sont souvent couronnés de succès et parfois même cautionnés par le narrateur. La prétendue cécité pour cause de folie amoureuse est donc loin d'être totale. Sous la menace, il semblerait en réalité que l'amour est source de clairvoyance plutôt que le contraire.

Un paradoxe semblable concerne l'intensité même de la folie amoureuse. D'un côté, l'amour est caractérisé comme une passion incontrôlable qui domine tout et qui devient l'unique préoccupation de celui ou de celle qui en est frappé. C'est la raison pour laquelle, comme il est dit dans *Tristan et Yseut*, « l'amour ne peut rester caché ». Rien de plus logique ; si vraiment l'amour est une passion d'une force indomptable, on voit mal comment on peut la maîtriser et la camoufler.

Mais là encore, nous nous trouvons devant un paradoxe. En effet, si les héros et les héroïnes, après une période d'hésitation et de résistance, ne peuvent plus cacher leurs sentiments l'un à l'autre, ils arrivent en règle générale à très bien garder le secret sur leur passion devant les autres, sauf à un éventuel rival qui aime à son tour l'un ou l'autre (c'est le cas du prince de Clèves, par exemple ; ce qui, d'ailleurs, constitue un autre exemple du fait que la passion peut aussi rendre clairvoyant). Aussi bien le duc de Nemours que la princesse de Clèves, tout comme Saint-Preux et Julie, font preuve d'une grande maîtrise dans l'art de la dissimulation.

En même temps, bien sûr, l'intensité de la passion risque à tout moment de refaire surface au grand dam des amants. Ceux-ci doivent donc rester sur le qui-vive pour que rien n'apparaisse qui pourrait les trahir. Cette tension entre la dissimulation et la crainte de se voir découvert par l'intensité des émotions est l'une des matières premières que raffine le roman d'amour classique.

Un troisième paradoxe, qui est aussi l'un des moteurs du roman d'amour, concerne le rapport ambigu et conflictuel entre l'amour et le mariage. Le troisième jour des calendes de mai 1174, la comtesse de Champagne rendit le jugement suivant :

« Par la teneur des présentes, nous disons et soutenons que l'amour ne peut étendre ses droits entre mari et femme. Les amants s'accordent toutes choses réciproquement et gratuitement sans aucune obligation de nécessité tandis que les époux sont tenus par devoir à toutes les volontés l'un de l'autre. Que ce jugement que nous prononçons avec une extrême maturité, après avoir ouï plusieurs dames, ait à passer pour vérité constante et irréfragable ».

La comtesse pose ici l'idée de l'incompatibilité entre l'amour passionné et le mariage, l'argument principal étant que la passion est trop irresponsable pour servir de socle solide et durable au mariage. La comtesse aurait pu ajouter que de toute évidence – littéraire ou extra-littéraire – la passion ne dure pas indéfiniment. Les chiffres varient. Pour Tristan et Yseut, l'effet du philtre d'amour disparaît après trois ans (même si, paradoxalement encore, ils continuent à s'aimer après). Selon le psychologue américain Helen Fischer, dans *Pourquoi nous aimons ?*, les évidences empiriques (on se demande lesquelles) indiquent plutôt que l'amour-passion dure entre 12 et 18 mois.

Autre paradoxe donc : d'un côté, le rêve de tous les amants de l'histoire de la littérature est de trouver l'amour de leur vie, l'amour unique et éternel, qui doit durer le reste de leurs jours. De l'autre, l'idée éternellement répétée que l'amour-passion ne dure qu'un certain temps.

Nous nous retrouvons par conséquent face à une alternative peu commode : ou bien nous nous marions par devoir, pour former une famille et élever les enfants, mais alors nous courons le risque d'être frappé par le coup de foudre en dehors du mariage ; ou bien nous nous marions d'amour, mais alors nous ne faisons que reporter de deux ou trois années le risque de commencer à aimer quelqu'un en dehors du mariage.

De ce point de vue, il n'est pas très étonnant si la très grande majorité des romans d'amour parlent surtout de l'amour adultère. Lorsqu'on soumet le décret de la comtesse de Champagne à l'appréciation des jeunes étudiants d'aujourd'hui, en Suède ou en France, ils le rejettent avec le sourire condescendant typique du sentiment de supériorité qui caractérise la modernité. Et pourtant, aujourd'hui comme autrefois, les romans qui racontent l'amour-passion au sein du mariage se comptent sur les doigts d'une main.

Un quatrième paradoxe qui est posé, explicitement ou implicitement, dans pratiquement tous les romans d'amour, porte sur le rapport entre l'amour-passion et la morale. Lorsque la mère de Julie prévient Julie des dangers de l'amour passionné, elle le fait évidemment pour essayer d'influencer le comportement de sa fille. De même, lorsque la princesse de Clèves lutte pour ne pas succomber à son amour pour Nemours, ses armes sont les arguments de la morale. C'est également à la vertu que fait appel Mme de Rênal pour résister à ses propres sentiments envers Julien. Pour Oswald, dans *Corinne*, c'est le respect dû aux désirs de son père qui doit faire contrepoids à la passion.

Or, s'il est bien un point sur lequel tous les écrivains de l'amour semblent être d'accord, c'est que l'amour-passion n'est pas choisi, mais subi et donc qu'on ne peut être tenu responsable de sa folie amoureuse. On ne *choisit* pas d'aimer, on *tombe* amoureux. On ne *décide* pas d'aimer telle ou telle personne, on commence simplement à aimer sans qu'y entre la volonté.

C'est là, bien sûr, la signification métaphorique du philtre bu par Tristan et Yseut ; ce n'est pas de leur faute s'ils tombent éperdument amoureux l'un de l'autre. Il est d'ailleurs significatif que le narrateur du *Tristan et Yseut*, tout comme le petit peuple, se range du côté des amants. Les barons, qui révèlent la tromperie des deux amants au roi, sont punis, tout comme le forestier qui mène le roi à leur cachette. Même Dieu semble être favorable à l'amour adultère et déloyal des deux amants : « Cette nouvelle réjouit beaucoup Brengain : Yseut, ma dame, Dieu qui jamais ne déçut personne a bien eu pitié de nous, puisqu'il vous a permis de quitter le rendez-vous sans dommage, le roi n'ayant rien vu qui ne puisse être tenu pour honorable. C'est un grand miracle qu'a accompli Dieu pour vous. »

C'est Nietzche qui a écrit que « ce qui se fait par amour se fait toujours par-delà le bien et le mal ». Mais si on est tenté d'absoudre les amants en raison de leur irresponsabilité, la question doit néanmoins être posée si on peut *tout* se permettre en raison de l'amour. Si tromper son époux/épouse ou son père parce qu'on est tombé éperdument amoureux paraît relativement pardonnable, que dire de des Grieux qui tue un innocent pour pouvoir rejoindre sa Manon ?

Sur ce point encore, me semble-t-il, il y a une contradiction en bonne et due forme. D'un côté, l'amour-passion est vu comme le bien absolu au nom duquel on peut tout se permettre ; de l'autre, il est considéré, sinon comme le mal incarné, du moins comme quelque chose de néfaste qui introduit le désordre dans les affaires de la société et qui peut frapper à l'aveugle des personnes qui elles n'ont rien fait sauf se retrouver comme des obstacles sur le chemin des amoureux. Ceux qui aiment se croient dans leur bon droit de tout se permettre, mais l'amour, justement, n'est pas une question de droit.

Le roman d'amour classique typique

Les quelques caractéristiques paradoxales que je viens de commenter très schématiquement ne rendent que très peu compte de la richesse complexe des grands romans d'amour. Chaque aspect pourrait être creusé, nuancé et précisé encore. Je ne pourrai pas non plus retracer ici, même brièvement, l'histoire du roman d'amour, qui d'ailleurs reste à écrire. Ce que j'aimerais essayer de faire en revanche, c'est de dessiner les contours d'un roman d'amour exemplaire, tel qu'on peut le reconstituer d'après les grands romans d'amour classiques.

Un tel roman commencerait obligatoirement par un coup de foudre qui frapperait ou bien les deux amants en même temps, ou bien l'un des deux, ou bien encore les deux, mais avec un décalage dans le temps. Après le coup de foudre viendra une période, plus ou moins longue, où les deux amants, avec inquiétude ou jubilation, cherchent à vérifier la réciprocité des sentiments. Une variante de ce processus de vérification est lorsque les deux ou l'un des deux doivent d'abord identifier leurs propres émotions comme des émotions amoureuses (ce qui s'explique par l'idée qu'on ne peut pas savoir ce qu'est l'amour si on ne l'a pas expérimenté personnellement).

Une fois constaté le degré de réciprocité, d'abord par les signes non verbaux de l'amour et ensuite en dépassant le point de non-retour, c'est-à-dire en prononçant les paroles difficilement rétractables « je vous aime », commence la lutte pour surmonter les obstacles qui se dressent sur le chemin des amants. Ces obstacles peuvent être extérieurs – une différence de classe (Saint-Preux et Julie dans *La Nouvelle Héloïse*), des liens de famille illégitimes (*Phèdre*), le fait que l'un des amants est déjà marié (*Tristan et Yseut*), les conventions, la séparation physique des amants pour cause de guerre, etc. – ou intérieurs – la vertu, le respect pour les parents ou la famille, le désir de ne pas faire du mal aux proches.

On peut d'ailleurs affirmer sans grand risque de se tromper qu'il n'y a pas de grand roman d'amour où l'amour n'a pas à s'affronter à quelque obstacle. On pourrait même dire que c'est l'obstacle qui est le moteur, non de l'amour lui-même, car celui-ci naît du coup de foudre, mais de l'amour comme histoire à raconter. Souvent, on voit défiler dans un seul roman une série d'obstacles différents. Et si *un* obstacle peut être surmonté, il arrive que les personnages, telle la princesse de Clèves, s'en inventent d'autres ou, comme des Grieux et Manon, découvrent l'existence d'un obstacle auquel ils n'avaient jamais pensé auparavant, comme si l'histoire avait besoin de ces rebondissements pour ne pas prendre fin trop tôt.

Dans le roman d'amour classique, il y aura à la fin un obstacle insurmontable qui est souvent la mort (*Tristan et Yseut, Manon Lescaut, Julie ou la Nouvelle Héloïse, La Chartreuse de Parme, Le Rouge et le Noir*). Ceux qui, comme Rougemont, identifient la passion à la mort ne sont donc pas à court d'arguments et d'exemples. Cependant, il me semble erroné d'affirmer que la mort est souhaitée ou désirée par les amants ou que la mort est un moyen de sceller l'amour-passion pour l'éternité. Sans être convaincu par les théories biologistes, qui font de l'amour un simple moyen pour assurer la reproduction, je crois profondément que la passion est une aspiration de vivre, non de mourir. Le rêve de tous les passionnés de l'histoire est de pouvoir réaliser leur amour, non de l'enterrer. Ceux qui aiment ne se demandent plus quel est le sens de la vie. Ils le savent*.

Le roman d'amour moderne

Les remarques que je viens de faire concernent d'abord ce que nous pouvons appeler le roman d'amour classique, qui va de *Tristan et Yseut* jusqu'aux grands romans de Stendhal et de Balzac environ. Avec Stendhal, avec Balzac et encore plus avec Flaubert, il semblerait qu'il y a un changement en l'air, sinon nécessairement dans la réalité, au moins dans la littérature. Il y a des signes qui ne trompent pas, entre autres que les amants commencent à douter de leur amour, que l'amour devient parfois intermittent et hésitant, que les enfants apparaissent comme des obstacles ou comme des rivaux et que la sexualité change de fonction.

---

* Il est d'ailleurs intéressant de noter la contradiction absolue entre la conception biologiste de l'amour – que l'objectif principal de l'amour est d'assurer la reproduction – et celle de certains psychologues qui associent l'amour à la pulsion de mort.

L'amour qui hésite

Si on regarde les romans d'amour classiques avant Stendhal, il est frappant de constater à quel point l'amour-passion est présenté comme une donnée absolue. Une fois installé, presque toujours en raison d'un coup de foudre, l'amour n'est plus sujet aux doutes. On peut y résister, comme La Présidente du Tourvel dans *Les Liaisons dangereuses*, on peut le fuir comme la princesse de Clèves où on peut essayer de le transformer en vertu, comme Julie dans *La nouvelle Héloïse* – à moins de se laisser complètement aller comme des Grieux dans *Manon Lescaut* – mais ce qu'on ne peut pas faire, c'est douter de son amour. Et cette certitude va plus loin encore, car une idée qui traverse tous les romans d'amour classiques est celle qu'on ne peut aimer qu'une seule personne au monde. D'où la tragédie lorsque des obstacles comme la position sociale ou la famille empêchent la réalisation de l'amour. En effet, dans les romans classiques, on ne voit jamais évoquée l'éventualité qu'on pourrait, face à des obstacles insurmontables, chercher une autre personne à aimer ailleurs.

Or, il me semble que dans les deux romans de Stendhal apparaissent les premiers signes d'un amour-passion qui commence à être traversé de doutes. Cela me semble évident dans *Le Rouge et le Noir*, où Julien peine à savoir non seulement quelle est la femme qu'il doit aimer, mais également quelle est la femme qu'il aime vraiment. Les hésitations de Fabrice sont d'un ordre différent que celles de Julien :

pendant très longtemps, Fabrice se demande s'il est doté de la capacité d'aimer. Il n'est pas sans intérêt de constater que Clélia, qui a toutes les caractéristiques d'une amoureuse classique, semble consciente du fait que sa propre monogamie amoureuse n'est pas – ou n'est plus – la règle : « Elle s'attachait à un homme qui était éperdument aimé de la plus belle femme de la cour, d'une femme qui, à tant de titres, était supérieure à elle, Clélia ! Et cet homme même, eût-il été libre, n'était pas capable d'un attachement sérieux, tandis qu'elle, comme elle le sentait trop bien, n'aurait jamais qu'un seul attachement dans la vie. »

Mais si on retrouve les premiers signes d'hésitation chez Stendhal, la vraie révolution est opérée par Flaubert. Non seulement Emma peut aimer plusieurs hommes différents – si encore on peut parler d'amour – mais Frédéric, dans l'absence physique de Mme Arnoux, oublie également son amour pour elle. L'absence, chez les classiques, avait pour seul effet d'intensifier l'amour, comme lorsque Saint-Preux est éloigné de force de Julie ; pour Frédéric, c'est le contraire qui arrive*. Mais cette intermittence amoureuse va plus loin encore, comme on peut le constater dans la scène à la fin de *L'Éducation sentimentale* où Frédéric et Mme Arnoux se rencontrent et parlent avec beaucoup de nostalgie de leur amour jamais réalisé :

* Il ne faut oublier, cependant, que des éléments du roman d'amour classique se retrouvent toujours dans le roman moderne. Dans *Les Cerfs-Volants* de Romain Gary, par exemple, la séparation des amants par la guerre n'a aucun effet sur l'intensité des sentiments.

– N'importe, nous nous serons bien aimés.
– Sans nous appartenir, pourtant !
– Cela vaut peut-être mieux, reprit-elle.
– Non ! non ! Quel bonheur nous aurions eu !
– Oh ! je le crois, avec un amour comme le vôtre !
Et il *devait* être bien fort pour durer après une séparation si longue ! (p. 453 ; c'est moi qui souligne.)

Le petit mot « devait » ici en dit long sur la vision de Flaubert de l'amour de son époque. Même le *narrateur* doute s'il s'agit d'un grand amour vrai ! On n'est pas étonné d'apprendre que Flaubert lui-même déclara dans une lettre, dès le début d'octobre 1864 :

« C'est un livre d'amour, de passion ; mais de passion telle qu'elle peut exister maintenant, c'est-à-dire inactive. Le sujet tel que je l'ai conçu est, je crois, profondément vrai, mais, à cause de cela même, peu amusant probablement*. »

Lorsque, quelque temps plus tard, dans *Une vie,* on apprend qu'il est possible de *faire semblant* d'aimer passionnément *et* d'être cru, on comprend que la modernité est arrivée pour de bon**.

---

* Cité dans le dossier de l'édition en Folio, p. 468

** Sauf qu'Annika Mörte Alling m'a fait remarquer que Julien, déjà, faisait bien semblant d'aimer Mme de Fervaques et qu'il était cru. Il est vrai aussi que, dans *La Comédie humaine* de Balzac, l'amour feint est souvent une manière de se frayer un chemin dans le monde. Ce serait d'ailleurs un sujet de recherches passionnant que d'étudier le rôle de la feintise dans la représentation littéraire de l'amour.

Le rôle des enfants

Une chose tout à fait remarquable dans les romans d'amour classiques est l'absence des enfants. Non seulement ils ne jouent aucun rôle dans la vie amoureuse des adultes, mais on n'en fait pas. Et si par malheur il arrive un enfant, on ne se gêne pas pour l'évincer du monde des amoureux, comme l'avaient déjà fait Abélard et Héloïse sans état d'âme. Certes, le Vicomte de Valmont a le malheur de faire un enfant à la jeune Cécile Volanges, mais ce n'est pas cela qui va l'empêcher d'aller en avant dans sa séduction de la Présidente. L'on sait aussi que Julie, dans *La Nouvelle Héloïse*, veut avoir un enfant de Saint-Preux pour mettre son père devant un fait accompli, mais c'est une décision qu'elle regrettera amèrement plus tard. Julie se rabat aussi sur l'amour des enfants pour se racheter de son péché d'aimer Saint-Preux. Mais le fait d'avoir ou non des enfants influence très peu le déroulement de l'histoire d'amour. Il est symptomatique que lorsque George Sand, dans *Elle et Lui*, raconte, à peine transposé, son amour tragique et tumultueux avec Musset, les enfants qu'elle avait dans la vie réelle n'apparaissent pas du tout.

Or, les enfants de Mme de Rênal ne sont ni absents, ni une simple présence comme dans *La Nouvelle Héloïse* : Mme de Rênal en tient compte lorsqu'elle réfléchit tant bien que mal à ses sentiments pour Julien et à ce qu'elle doit faire. Il n'est pas sans importance non plus que Julien soit le précepteur des enfants de Mme de Rênal, là où Saint-Preux l'était de

Julie elle-même. Surtout, là où Julie échoue à forcer la main à son père en se rendant enceinte, Mathilde de la Mole réussira, avec les conséquences qu'on connaît pour la fin de l'histoire. Dans *La Chartreuse de Parme*, également, le fait que Fabrice devient père change toutes les données et met fin au bonheur des amants. C'est, comme on le sait, le désir de Fabrice d'être réellement le père de son enfant, de l'élever et de l'avoir près de lui qui va amener la perte de Clélia et de Fabrice et de mettre fin à trois années de vie paradisiaque, fût-ce dans le noir !

Là encore, il semblerait que Stendhal a été précurseur, même si on n'est pas encore arrivé au point où la maladie d'un enfant peut radicalement changer le cours d'une histoire d'amour, comme dans *L'Éducation sentimentale*. En effet, c'est la maladie de l'un de ses enfants qui fait que Mme Arnoux ne vient pas au rendez-vous avec Frédéric qui aurait dû sceller leur amour. Peut-être pour la première fois de la littérature amoureuse, l'amour porté à l'enfant l'emporte sur celui porté à l'amant.

La sexualité

S'il y a bien un aspect de l'amour-passion ou de l'amour tout court qui a beaucoup changé depuis *Tristan et Yseut*, c'est le rôle de la sexualité. On aurait tort cependant d'y voir une évolution linéaire qui va d'une pruderie vertueuse vers une libération sexuelle accomplie au XXe siècle. Les amoureux du Moyen Âge n'étaient pas abstentionnistes en matière d'amour. Blanchefleur accueillant sans honte Perceval dans son lit au bout d'un seul après-midi passé ensemble n'est pas unique. Tristan et Yseut ne se gênaient pas non plus, c'est le moins qu'on puisse dire !

Ce qui a changé, cependant, c'est le rôle de la sexualité comme signe et expression de l'amour. Au Moyen Âge, l'adultère était d'abord considéré comme un manque de loyauté envers le mari et moins comme un péché. Plus tard, l'acte sexuel était généralement frappé d'un tabou qui ne pouvait être levé que par le mariage. On voit bien dans *La Nouvelle Héloïse* les tourments que peut causer le passage prématuré à l'acte. Et lorsque le narrateur ou les personnages évoquent la sexualité, ils le font avec des propos sans concessions, comme quelque chose de laid, comme une souillure. Si le libertin du XVIIIe semble constituer une exception, ce n'est qu'apparent : pour lui, l'amour et la sexualité n'ont rien à faire l'un avec l'autre.

Chez Stendhal, au contraire, on a l'impression que l'acte sexuel n'est plus considéré ni comme essentiel, ni comme quelque chose d'avilissant qui menace l'amour pur et désintéressé. Ce qui pose problème à Clélia, ce n'est pas le fait de faire l'amour avec Fabrice, mais le serment qu'elle a fait de ne jamais regarder son visage. Dans les deux romans de Stendhal, l'acte sexuel, sans être explicitement raconté, est même accompagné d'une certaine réjouissance, et en tout cas sans aucune condamnation de la part du narrateur qui sort discrètement de la chambre des amoureux sur la pointe des pieds. On peut dire, je crois, que l'importance de l'acte sexuel comme l'expression suprême de l'amour et comme son couronnement, commence à s'estomper chez Stendhal.

On est encore loin du XXe siècle où l'acte sexuel est souvent une manière parmi d'autres pour savoir si on s'aime ou pas, non pas la confirmation ultime d'un amour déjà amplement vérifié, mais une façon d'apprendre à se connaître pour savoir *si* on pourrait s'aimer. Lorsque P-L Rey affirme à propos de Julien qu'il « conquiert sans amour », il n'a pas tort. Mais P-L Rey a tout autant raison d'ajouter que les conquêtes de Julien « lui apprennent à aimer », ce qui est sans grand doute le signe avant-coureur des temps à venir.

Il y a là, d'ailleurs, un autre paradoxe. L'idée que la réussite de la vie en couple dépend en grande partie des rapports sexuels également réussis fait qu'on doit s'assurer que l'acte physique de l'amour est couronné de succès *avant* même de tomber amoureux. D'une certaine manière, il semblerait que l'amour physique a remplacé les signes non verbaux de l'amour d'autrefois – les sourires, les regards, les rougissements, un effleurement des mains – qui étaient mis en service pour confirmer la réciprocité des sentiments. On ne peut que spéculer sur les motivations profondes de ce changement. Pour ma part, paradoxalement encore une fois, j'oserai suggérer que la raison en est que nous avons aujourd'hui, pour contrecarrer notre scepticisme généralisé envers la passion, besoin de plus de certitudes qu'autrefois avant de baisser la garde et nous laisser – éventuellement – envahir par la passion. Dans l'amour physique, au moins, nous devons laisser derrière le contrôle sur soi que nous exerçons constamment dans la vie de société pour sauvegarder notre précieuse individualité. Symboliquement et réellement, nous sommes, dans l'acte sexuel, nus.

L'amour et la liberté

Quel lecteur de Stendhal ne se souvient pas de la scène où Fabrice refuse d'être mis en liberté après de longs mois en prison, seulement pour continuer à voir de temps en temps sa Clélia. Lorsque Fabrice refuse d'être libéré – au désespoir de la Sanseverina – pour rester proche de Clélia, il offre en gage de son amour ce que l'homme a de plus précieux, à savoir sa liberté. Sauf qu'il s'agit là d'une autre grande première. À l'exception de quelques allusions à la liberté libertine dans *Les Liaisons dangereuses*, jamais auparavant on n'a aussi explicitement posé une opposition possible entre la liberté individuelle et l'amour *. Au contraire, le but de l'amour-passion classique était clairement d'arriver à la fusion de deux individus en un seul. S'il existe une crainte de se perdre également dans les romans classiques, ce n'est pas celle de perdre son individualité, mais plutôt celle de ne plus maîtriser les règles de bonne conduite dans la société et donc d'en être exclu. Ce qui peut étonner, c'est qu'il aura fallu attendre un demi-siècle après la percée des Lumières pour qu'apparaisse l'idée qu'on risque de sacrifier une partie de sa liberté individuelle sur l'autel de l'amour-passion fusionnel.

Dans le roman d'amour moderne, on a l'impression que l'un des principaux conflits est justement l'opposition entre l'amour-passion et la liberté individuelle,

* À l'exception peut-être d'Adolphe, si encore il est vraiment amoureux.

où, plutôt, la crainte de se perdre et de perdre sa liberté individuelle. Est-ce parce que l'amour-passion est devenu moins passionné ou parce que la conception de l'individu a changé et s'est renforcée ? Difficile à dire, bien sûr, mais d'un côté, il semblerait qu'on « n'y croit plus » comme avant à la possibilité du grand amour unique et éternel, de l'autre, il semble également que la liberté individuelle, surtout celle des femmes, est devenue un bien plus précieux qu'autrefois dans la hiérarchie des valeurs.

Le roman d'amour classique est normalement raconté à la troisième personne (à l'exception des romans épistolaires). L'une des conséquences en est que nous connaissons à tout moment les tourments intérieurs des uns et des autres. Notamment, nous pouvons mesurer les écarts entre les suppositions et les incertitudes des deux amants sur leurs sentiments respectifs. Nous savons ainsi, par exemple, jusqu'à quel point Tristan et Yseut mentent au roi Marc et aussi l'ampleur des méprises du roi. Nous connaissons dans les moindres détails les débats intérieurs de Corinne et d'Oswald, ce qui nous permet d'avoir une idée claire des impossibilités à venir. Nous connaissons également les menaces qui pèsent sur les amants.

Sans avoir fait des études statistiques, il me semble clair qu'aujourd'hui les écrivains ont tendance à raconter les histoires d'amour à la première personne. On peut se demander pourquoi. Serait-ce encore une expression du refus de la fusion amoureuse à deux, que l'objectif premier n'est plus, comme autrefois, le grand amour passionnel, mais la satisfaction personnelle de savoir qu'on aime ou qu'on est aimé ? Ce n'est pas impossible et c'est triste.

En tout cas, cette manière de raconter son amour en « je » contribue à mon avis à rendre les romans d'amour modernes moins poignants, moins émouvants et moins tragiques aussi. Il doit y avoir une raison pour laquelle si peu des chefs-d'œuvre de la littérature du XXe siècle sont des romans d'amour.

À quoi cela sert-il, finalement, à lire et à écrire des romans d'amour ?

L'avantage d'être celui qui doit lancer les débats est qu'il suffit de poser les questions et de laisser à ceux qui viendront après la tâche ingrate d'apporter les réponses. C'est pourquoi je n'ai fait ici qu'indiquer des pistes de réflexion et poser quelques repères.

Il reste cependant une problématique qu'il ne faudra pas perdre de vue par la suite. S'il n'est peut-être pas démontré que parler d'amour donne automatiquement envie d'aimer, il n'est guère aventureux d'affirmer que notre manière d'aimer est influencée par nos lectures des romans d'amour... et d'ailleurs par toute une mythologie de l'amour véhiculée par le cinéma, les chansons et les magazines. Ce n'est pas un hasard si Flaubert dénonce le roman d'amour romantique en le rendant en partie responsable de la folie rêveuse d'Emma ou que Don Quijote perd la tête en lisant des romans de chevalerie. Dans son admirable essai sur la lecture, *Histoire de la lecture*, Alberto

Manguel rappelle que pendant longtemps il revenait au maître de la maison de choisir les romans qu'on devait lire et que les femmes n'avaient pas le droit de lire seules. Et si jamais il venait à l'idée des lectrices que le prince charmant pouvait exister dans la réalité !

Nous savons bien sûr que la littérature n'est pas un miroir fidèle de la réalité. Mais ce qu'on oublie souvent de dire, c'est que la littérature peut très bien nous inciter à croire – ou à vouloir croire – que la réalité pourrait être telle qu'elle est présentée dans les romans. Dans le meilleur des cas, la littérature peut même nous inspirer à faire de sorte que la réalité copie la littérature.

Peut-être, finalement, l'utilité de lire des romans d'amour est surtout de nous rappeler que le rôle de la littérature n'est pas de raconter ce qui *est*, mais ce qui *pourrait être*. En d'autres mots, si la littérature ne nous avait pas donné le rêve du grand amour passionné, unique et éternel, notre amour réel aurait été encore plus terre à terre et terne. Si nous courons un risque en lisant les grands romans d'amour, ce n'est pas d'abord d'être frappé du coup de foudre et de souffrir à cause d'un amour malheureux, mais c'est d'avoir à surmonter la déception de ne pas aimer *assez* dans la vie réelle.

Cela serait vraiment désespérant si c'était Baudelaire qui avait raison : « C'est cette horreur de la solitude, le besoin d'oublier son moi dans la chair extérieure, que l'homme appelle noblement besoin d'aimer (*Mon cœur mis à nu*). Si on ne peut pas apprendre à mieux aimer en lisant les romans d'amour, on peut au moins, comme Antonio José

Bolivar, dans *Le vieux qui lisait des romans d'amour* par Luis Sepúlveda, les lire pour, parfois, « oublier la barbarie des hommes ».

Björn Larsson

De nationalité suédoise, Björn Larsson est écrivain et professeur de linguistique et de littérature françaises à l'Université de Lund (Suède). Vagabond déraciné et navigateur passionné, il a vécu longtemps en dehors de la Suède : cinq ans en France, une année en Irlande, une année aux États-Unis et quinze ans au Danemark. Pendant six ans, dont deux à sillonner l'Atlantique du Nord, il a vécu à bord de son voilier, le *Rustica*. Comme écrivain, il a publié cinq romans et deux essais, traduits dans une quinzaine de langues et vendus à plus de 500 000 exemplaires à travers l'Europe. Il a reçu une demi-douzaine de prix littéraires, dont le **Prix Médicis étranger** pour *Le Capitaine et les Rêves*, le **Prix Astrolabe-Étonnants voyageurs** et le **Prix Livre & Mer** pour *La Sagesse de la mer*, le **Prix Francesco Biamonti-Grinzane Cavour** pour l'ensemble de son œuvre, le **Prix Bocaccio** pour *Le Cercle celtique* et le **Prix Elsa Morante** pour *Le Mauvais Œil*. Son dernier ouvrage, *Besoin de liberté*, publié au Seuil, a été écrit directement en français. Comme universitaire, il a publié des articles sur Segalen, Balzac, Stendhal et des monographies sur Simone de Beauvoir. En 2005, il a été professeur invité à la Sorbonne-nouvelle pour animer un séminaire de recherches sur le roman d'amour.

Christiane BAROCHE

De Marquise en Marquise...

Christiane Baroche et Paule Constant

Comme vous ne l'ignorez pas, en français, le mot amour, si j'ose, couvre toutes sortes d'exercices du cœur ou du corps, parfois mêlés à ceux de l'esprit, lesquels, beaucoup plus traversiers, entendent séduire surtout pour dominer. C'est ce à quoi s'emploient la marquise de Merteuil et le vicomte de Valmont qui furent unis tous deux dans des *Liaisons dangereuses* que l'on a pu connaître sous la plume de Choderlos de Laclos.

Bien sûr, ces unions-là ne répondent guère aux histoires d'amour lénifiantes, sucrées dirais-je même, qu'on attend la plupart du temps des « exercices » que j'ai profilés. Il n'y a pas le moindre doute que Merteuil est une impérieuse pour qui l'aventure amoureuse est une occasion comme une autre de manifester son pouvoir sur un homme capable de lui écrire ceci : « J'ai un sentiment de reconnaissance pour les femmes faciles, qui m'amène naturellement à vos pieds. » Quel insolent ! et par conséquent le bonheur sera de le confronter à la fois à la facilité et à la difficulté donc de le jeter vers Cécile de Volanges, qui ne sait pas encore qu'elle est bâtie pour n'être qu'un objet en même temps que de s'en délecter, d'accepter aussi qu'il se mobilise pour séduire Madame de Tourvel dont il dit avec délices : « Vous (en) connaissez la dévotion, son amour conjugal, ses principes austères. Voilà ce que j'attaque, voilà l'ennemi digne de moi, voilà le but que je prétends atteindre. Je serai vraiment le dieu qu'elle aura préféré. »

Mais ces délices-là cessent très vite d'être purement de conquête, en quelque sorte contaminés par une passion d'autant plus vive qu'il ne l'avait jamais connue jusque-là. Du coup, va s'entamer chez la Merteuil un processus qui n'est autre que celui de la jalousie. Comment ? Après avoir été son petit esclave consentant mais conservant la liberté de langue qu'on a vue, Valmont entend quasiment devenir le maître, d'accord, mais ébloui de cette bigote ? Et resurgissent en Madame de Merteuil les souvenirs de sa jeunesse. « Je n'avais pas quinze ans, je possédais déjà les talents auxquels la plus grande partie de nos politiques doit leur réputation. Ma tête seule fermentait ; je ne désirais pas de jouir, je voulais savoir. » Après cela, il est facile de comprendre que le pouvoir de l'amour et du sexe sur ses partenaires, va la travailler plus que la simple jouissance, et elle va donc se lancer dans des engrenages pétrifiants, ceux qui pousseront Valmont à initier Cécile dans le temps même où il prépare le siège de la Tourvel, pendant que sa jalousie personnelle croîtra jusqu'à la pousser à en finir avec les unes et les autres : elle dénoncera Valmont au chevalier Danceny fort épris de la petite Cécile, et préviendra Madame de Rosemonde des intrigues de Valmont pour qu'elle en informe la Tourvel, qui du coup se mourra d'amour et de honte.

Laclos, dit-on, avait un modèle pour en découdre avec la Merteuil, rencontrée lors de sa nomination à Grenoble. Peut-être en avait-il souffert, à moins qu'il se soit contenté d'observer. Quant à l'usage de l'épistolaire, il était à l'époque quasiment obligatoire, un peu comme une mode. Mesdames de Sévigné, La Fayette en étaient d'enthousiastes servantes, d'où peut-être ce recours aux échanges de cet ordre, lesquels à leur tour m'autorisent un glissement vers une femme qui en usa avec largesse. Elle aussi peut avoir été un modèle parmi d'autres pour la Merteuil. Je veux parler de la marquise du Deffand.

La collision me semble assez crédible, d'autant qu'elle et Laclos sont des contemporains, et que leurs vies par elles-mêmes les rendent connus de milieux identiques. Or la du Deffand a vécu une histoire d'amour mille fois plus joueuse et passionnante que les petits débordements d'alcôve et les pincements de vanité de la Merteuil.

Née de Vichy de Champrond, dans un petit fief non loin de Clermont-Ferrand, la du Deffand est mariée par son frère qui n'entend pas conserver dans son voisinage une femme d'ores et déjà volontaire et de caractère. L'époux, qui ne sait pas encore ce qui l'attend, offre la Cour en « voyage de noces ». Mais lorsqu'il décide de retourner sur ses terres, son épouse décide de demeurer à Paris, et ce malgré l'avertissement qu'il n'assumera pas ses dépenses. Comment se tirer d'affaires ? Comme tant d'autres... elle gravite très rapidement dans la mouvance du Régent, dont elle va être maîtresse des menus plaisirs durant quinze jours, de quoi lui assurer une pension. Lisez la très vivante biographie écrite par Benedetta Craveri autour de la présente marquise, et vous constaterez que je n'invente rien.

Après avoir sans nul doute « valsé » entre les chers amis du duc d'Orléans, elle devient la grande ordonnatrice, à Sceaux, du salon de la duchesse du Maine, et ce jusqu'à l'exil de cette dernière. C'est dans ce cadre qu'elle va regrouper autour d'elle d'Alembert, Diderot, Voltaire et j'en passe, entamer avec les uns et les autres une correspondance fort vivante dont nous pouvons trouver les traces dans la collection du Petit Mercure. C'est là aussi qu'elle devient plus ou moins la maîtresse du président Hénault, lequel après le départ de la duchesse, va ramener notre marquise à Paris et l'engager à tenir son propre salon. Afin de préserver son image, la du Deffand va s'installer dans un couvent dont les murs sont encore debout, rue Charles-V. C'est alors qu'elle va tenter d'entraîner d'Alembert dans la passion mais il lui préférera Julie de Lespinasse, non moins calculatrice mais plus jeune.

Puis le glaucome l'attrape, la rend aveugle à demi, elle a cinquante-trois ans. La langue, l'esprit, l'entregent demeurent. C'est alors aussi que surgit Horace Walpole, dont murmure-t-on, elle s'éprend « follement ». Désormais, elle a soixante-six ans, il en a vingt de moins. Elle ne l'a jamais « vu », et il faut en déduire qu'il possède une voix soutenant un humour, une pensée, une notoriété, pensez donc ! il a écrit le premier texte fantastique de son époque, *Le Château d'Otrante*. Aux yeux de la société, la seule qu'ils fréquentent l'un et l'autre, à l'aimer elle se couvre de ridicule si l'on tient compte de leur âge réciproque et de l'obstination qu'elle y met. Ce que l'alentour ne voit pas, c'est que cette histoire d'amour offre à la du Deffand de quoi se divertir durant 17 ans, et à nous, un bon millier de lettres qu'elle lui écrivit et qui sont le reflet constant d'une intelligence à la fois joueuse et manipulatrice. Car il pourrait fuir à tire d'aile, or il n'en est rien. Pourquoi ? L'aime-t-il ? Que non pas ! mais il a quelques raisons de persister à courir l'aire d'activité de notre épistolaire, même s'il regimbe parfois, en semonces assez vives qu'elle s'empresse de contourner, « vous êtes mon tuteur, je suis votre pupille. » C'est qu'elle est parente des Choiseul qui fréquentent son salon, et qui dirigent plus ou moins la France de Louis XV. Lui, Walpole, est apparenté au roi d'Angleterre, lequel a besoin de savoir ce qui se mitonne à la cour et donc... Il se rebellera, s'agacera, mais en douceur, distribuera des leçons mais attendra ses lettres avec des agacements, des impatiences sûrement, et plus tard une admiration certaine. Elle ? Écrira, se fera taper sur les doigts, décrira en long et en large et en travers ce qui se passe sous ses yeux morts et... n'a aucun intérêt politique, si pour notre bonheur de lecture, cela présente une finesse littéraire incomparable.

Comme manipulatrice, trouve-t-on mieux ? Pour conclure, je dirais que neuf cents des mille deux cents lettres envoyées par la du Deffand furent publiées par

Walpole lui-même. Fut-il saisi par un rien de tendresse posthume, ou d'admiration, le jour où, à soixante-neuf ans, il s'éprit de sa nièce qui en avait trente-cinq de moins, a-t-il compris ce qui réconforte quand la vieillesse vous attrape ? Il faut le croire. Et puis, sait-on jamais, elle l'admirait tellement, peut-être avec sincérité… dans le doute, on publie.

C'est une manière de faire savoir qu'on a séduit à défaut d'aimer.

Christiane Baroche

Christiane Baroche, anciennement biologiste et chercheur à l'Institut Curie (de 1962 à 1999), est auteur d'une vingtaine d'ouvrages se partageant entre nouvelles et romans, parmi lesquels *Les Feux du large*, son premier recueil de nouvelles (Gallimard, 1975), *L'Hiver de beauté* (Gallimard, 1987), *Les Ports du silence* (Grasset, 1992), *La Rage au bois dormant* (Grasset, 1995), *Les petits bonheurs d'Héloïse* (Grasset, 1997), *L'Homme de cendres* (Grasset, 2001), *Attention chaud devant*, recueil de nouvelles (Transbordeurs, 2007). Lectrice passionnée, elle met au service de la Société des Gens de Lettres, dont elle a présidé les Affaires Littéraires, son goût de la découverte et organise des rencontres autour des Premiers Romans, des recueils de Nouvelles récents et du Maître-Livre d'auteurs reconnus tels que Tournier, Obaldia, Chandernagor… Au sein du Magazine Littéraire, elle s'est longtemps penchée sur le livre de poche et s'y occupe désormais de la nouvelle. Elle a reçu en 1995 le **Prix**

Goncourt de la Nouvelle et en 1995 le **Grand Prix de la Nouvelle de la Société des Gens de Lettres**. Elle est présidente du Jury du Prix du Jeune Écrivain.

Michel DÉON

de l'Académie française

Un souvenir au secret

Michel Déon

J'ai lu peu de romans d'amour sans doute parce qu'ils sont frappés d'un signe qui, régulièrement, les oblige à des fins dramatiques ou, simplement, tristes. J'ai bien assez de regrets de ce genre sans en ajouter d'imaginaires. En revanche, quel plaisir de trouver de l'amour dans un roman quand l'auteur, tantôt par pudeur, tantôt par goût du non-dit, l'a soigneusement esquissé pour que le lecteur se l'approprie et le rêve à sa façon, un des plus beaux exemples étant la brève aventure d'Angelo Pardi et de Pauline de Theus dans *Le Hussard sur le toit*. C'est aussi vrai pour le cinéma quand le scénariste et le metteur en scène ont la délicatesse de laisser au spectateur le soin de mettre les points sur les i. Le beau film de Sophie Coppola, *Lost in translation* en est la preuve à la fois éclatante et discrète. Ces fins elliptiques sont d'ailleurs plus propres aux nouvelles qu'aux romans. Valery Larbaud en a joué avec perfection dans *Amants*, heureux amants et aux dernières pages de *Barnabooth*.

Le sujet du colloque des Écrivains du Sud était un joli piège tendu aux participants. Devions- nous tourner autour de Tristan et Yseut, Philémon et Baucis, Fabrice del Dongo et Clélia Conti... ? Dans *La Chartreuse de Parme*, j'ai toujours pensé que le seul véritable amour de ce roman échevelé était la passion sacrificielle de la Sanseverina pour son désastreux neveu. Cette passion est la vraie chair du livre et, pourtant, elle reste à découvrir entre les lignes. On y songe le reste de sa vie.

Les histoires d'amour ont grand mal à finir moralement : ils se marièrent, eurent beaucoup d'enfants et furent heureux. Qui va s'intéresser à ça ? Le romancier n'a guère le choix. À moins qu'il prenne le cas du premier de ses confrères, un vieil auteur âgé de peut-être trois mille ans, maître en sentiments héroïques, en amours suicidaires, en opéras mythologiques et en sanglantes scènes dramatiques, mais aussi, vers la fin de l'*Odyssée*, entre l'épisode érotique d'Ulysse prisonnier de Calypso et le retour auprès de l'épouse, du fils et du vieux père, Homère a glissé une idéale histoire d'amour qui arrive comme une bouffée d'air frais après la tragédie : la pudique rencontre du héros avec Nausicaa. Le grand barde aura tout dit en quelques mots et deux scènes : le face-à-face du guerrier et de la jeune princesse sortant du bain à peine couverte d'un voile transparent qui moule son corps adorable. Ce n'est pas un coup de foudre, c'est la sublime illumination déclenchée par un échange de regards où passe en éclair, le fluide magique qui les liera pour la vie même s'ils sont destinés à ne jamais se revoir. Un secret embellit leurs deux vies. Il n'y a pas de plus beau roman d'amour qu'un souvenir au secret. Les deux élus étaient des mortels. Parce qu'elle n'a pas d'âge, leur aventure attendra, elle, la fin de tout pour soudain vieillir.

Michel Déon, de l'Académie française

Né à Paris Michel Déon, fait ses études à Janson de Sailly puis aux lycées de Monaco et de Nice. L'écrivain fait revivre ces années de formation dans *La Chambre de ton père.* (Gallimard, 2004). Journaliste au début de sa carrière, puis grand reporter, il vit en Suisse, au Portugal, en Italie avant de partir en 1950 aux USA puis au Canada. Avec des chefs-d'œuvre qui marquent cette période, *Je ne veux jamais l'oublier, Les Gens de la nuit,* sa vocation d'écrivain est déclarée. Il entre en 1956 comme conseiller littéraire aux éditions Plon, collabore ensuite aux éditions de la Table Ronde, prend la succession de Gabriel Marcel à la chronique des Nouvelles littéraires. En 1963, il se fixe en Grèce dans l'île de Septsai, puis en 1969 en Irlande, qu'il ne quittera plus. En 1970, il reçoit le **Prix Interallié** pour *Les Poneys sauvages,* en 1976 le **Grand Prix du roman de l'Académie française** pour *Un taxi mauve,* en 1977 le **Glenfiddich Award** pour *Le Jeune Homme vert.* En 1984, il reçoit le **Prix des Maisons de la presse** pour *Je vous écris d'Italie* (1984) et en 1996 le **Prix Giono** pour l'ensemble de son œuvre. *Cavalier passe ton chemin* (Gallimard, 2005) est un essai sur l'Irlande où s'entremêlent souvenirs et portraits. Son œuvre, d'une grande variété, lui vaut d'être **élu à l'Académie française en 1978** au fauteuil de Jean Rostand. Quelques-uns de ses romans et textes les plus emblématiques (*Thomas et l'Infini, La Chambre de ton père, Les Trompeuses Espérances, Les Poneys sauvages, Un taxi mauve, Un déjeuner de soleil, La Montée du soir, Cavalier, passe ton chemin !*) viennent d'être réédités en 2006 en un volume de la collection Quarto (Gallimard). Depuis sa fondation, Michel Déon apporte son soutien au Centre des Écrivains du Sud en participant régulièrement à ses manifestations. En 2003, il avait présidé les premières Journées des Écrivains du Sud. En décembre 2005, Aix-en-Provence lui a décerné la médaille de la ville et l'Institut d'Études Françaises pour Étudiants Étrangers de l'Université Paul Cézanne sa médaille d'honneur. Michel Déon est membre du jury du Prix des Écrivains du Sud.

Anne-Marie GARAT

Comment mon cœur s'est ouvert...

Anne-Marie Garat

Comment mon cœur s'est ouvert, comment il accueille la nouvelle des histoires d'amour... Cela commence, plein midi, sous une table de cuisine, où se réfugient les enfants qu'on abandonne aux somnolences d'été, fin des repas, le temps languit. Les hommes sont absents, partis à la sieste ou à la vigne, dehors le soleil brûle. Les femmes font la vaisselle, cognent les assiettes, essuient les verres au torchon, elles boivent le café dans les mazagrans. Des voisines entrent et s'attablent, elles sont comme chez elles. Là-haut, par-dessus la nappe cirée, les langues vont. L'ombre des cuisines est propice au colloque postprandial des Parques, qui filent, tissent et coupent le fil du roman familial, destinées sentimentales. Dans la chambre d'à côté, derrière la cloison, une très vieille agonise. Elle réclame de l'eau, elle ne dérange personne : laisse-la crier, elle a la pépie, surtout ne t'en va pas la faire boire...

Alors les langues travaillent à ce qui tient les femmes entre elles, affaires de ventres, d'enfants attendus, perdus, ou qu'on a fait passer, convoitises, héritages et filiations, usufruits, viagers, sous seings, accordailles et corbeilles, messes de relevailles. Veuvages, adultères, le bouton cueilli au rosier, une jeune cousine, libertine. Cœur d'artichaut, effeuillages à la folie, pas du tout, jalousies, trahisons et mariages de raison, et la voix chevrote : à boire, à boire... Sous la table, on écoute le feuilleton, la chronique à suivre, d'un jour sur l'autre, d'une année sur l'autre, lacunes et fragments, ellipses abruptes, voix polyphoniques, les langues sont fourches. Elles parlent à l'envi et de travers. Elles disent un peu de bien et du mal beaucoup, des vivants pareil que des morts, comme s'ils venaient juste de passer le seuil. D'ailleurs ils sont là, apparitions. Ils se tiennent debout, à contre-jour, dans l'entrebail de la porte. Ils en prennent pour leur grade, très patients, consentants, à leur corps défendant.

Séjourner sous les tables est une occupation passionnante, qu'on ne laisse plus guère aux enfants. Je veux dire celle de l'ennui, du grand ennui de la vacance, le bel ennui béant d'abandon. J'ai bien joui de séjourner sous la table sans occupation. De m'ennuyer beaucoup, migrant des chambres au jardin, à l'ombre du tilleul, au bout de la vigne, à regarder passer les nuages. Cela enseigne le temps long, et laisse traîner l'oreille aux contes, qui ne sont pas du tout pour les enfants. Les vrais contes ne sont jamais pour eux, ils ont pour destination l'ignorance humaine, merveille.

À cette époque, j'ânonne, j'épelle. Assez pour déchiffrer, c'est-à-dire pour lire. On sait assez mal comment on passe de l'un à l'autre, de l'ânonnement au déchiffrement, mais, pour déchiffrer, il faut qu'il y ait du chiffre, du secret. Ce qu'on ne trouve pas du tout dans les livres écrits pour les enfants. Tout y est dit pour être compris : petits entendeurs, salut. Être sous la table vous met en position d'entrer dans le secret des mondes chiffrés, par effraction. D'inventer des équations, des raccords de l'opaque à l'obscur, de l'improbable au virtuel. D'ailleurs, là-haut, le dialogue est imaginaire. Là où les réalités résistent, tout est bon pour construire des fictions. On ignore de quelle pureté, impureté est fait le plaisir de raconter, d'être raconté, de lire. Ce qui tombe à l'oreille, sous les yeux, on ne sait d'où viennent les voix qui vous en portent la nouvelle. Quel que soit le milieu – social, culturel –, abondance ou rareté, pénurie, le récit rapporté est un livre qu'on trouve sous la table du bel ennui, une première fois. Une première fois baptise, quel que soit le chiffre.

Je crois que nous baptisent aussi les lieux. Dans cet endroit que je dis, le Médoc, je passe des journées entières à faire rien, couchée dans l'herbe au bout de la vigne qu'a mon grand-père au bord du fleuve, une vigne de peu, des palus. De l'autre côté, qu'on voit dans les brumes, ocre et bleu, c'est Blaye, posée comme une île derrière les îles, *citta sul mare*. Un mirage de ville, dont j'apprends beaucoup plus tard qu'y vivait Jaufré Rudel, troubadour de langue gasconne, et aussi sa légende d'amour qu'inventent ses poèmes... Les pèlerins, retour de croisade, lui rapportent la beauté plus qu'humaine de la Dame de Tripoli, au Liban et de ce dit, il tombe en amour, pour elle il se croise. Il prend la mer pour voir l'Amour de loin, l'*amors de terra londhana*, mais sur la nef tombe malade, de peste ou d'amour, il se meurt, échoué sur le sable de Tripoli, au pied de la forteresse Saint-Gil ; elle vient. À lui elle vient et le prend dans ses bras, alors, mourant, il retrouve l'*auzir e. el flairar*, l'ouïe et l'odorat : il l'entend et la sent mais ses yeux étoupés d'agonie ont perdu la vue, alors il remercie Dieu de ce qu'il lui fait voir l'amour de loin. De cette vision, il meurt, ébloui de trop grand soleil, comblé d'absolu par la beauté qu'il désire. La mystique, l'érotique de ce rêve fonde l'amour occidental, qu'ont porté les Arabes au plus haut avec le chant andalou, l'art d'aimer à en mourir. À dix ans, j'ignore encore la légende, mais elle hante le paysage d'estuaire ouvert à l'océan, ligne litige du rêve où dorment les nuages, comme une immense femme couchée à l'horizon. Elle est écrite dans le paysage et m'enchante avant de la connaître, l'estuaire la génère et la chiffre avant que je ne lise les poèmes de Rudel, mon grand voisin d'enfance...

En attendant, je ne lisais pas que des chefs-d'œuvre, loin de là, d'ailleurs ce mot même : inconnu chez nous, où le livre est rare. Pas encore initiée par l'école aux catégories et à l'esthétique. Avant de rencontrer *Michel Strogoff*, *La Petite Fadette*, *L'Île aux mouettes*, *Monte-Cristo* à la Bibliothèque municipale, la lecture c'étaient plutôt les romans-photos, que me passait la voisine, fille de l'épicier. C'étaient surtout les feuilletons, que découpait ma grand-mère dans *Sud-Ouest*. Elle cousait dévotement les feuilles à l'aiguille, pour relier les volumes d'une bibliothèque en papier journal, avec couvertures calligraphiées à l'encre violette. Je me précipitais dessus, au début des vacances, dans sa maison de la campagne. Des romans d'amour, bluettes et mélodrames. À suivre... *Esclave ou reine*, *L'Exilée*, *L'Ondina*, *Le Drame de l'étang aux biches*, *Le Mariage de Chiffon, Des Plaintes dans la nuit...* À côté, la Bibliothèque Bleue et la Rose, c'était pâle. C'est qu'il y était question du cœur sentimental, un appareil très organique. Le mien – j'en avais donc un ! – battait, palpitait, étreint, dilaté, fusillé, feu aux joues, front brûlant, souffle court.

On croit toujours que les romans sentimentaux engendrent des rêvasseries, des chimères. Ils sont techniques. Physique des échanges, chimie du contact. Géographie d'une impudeur stupéfiante. Carte du Tendre, mon œil. Le roman sentimental localise des places stratégiques à prendre d'assaut. Des points de vue de la tranchée, des jouissances territoriales, d'une intimité inouïe. On part en reconnaissance, explorateur du corps inconnu. Par exemple le front : marmoréen. La clavicule, ses salières émouvantes. La nuque, inclinée, sous les petits cheveux, un endroit intense ; l'attache du poignet, la saignée du bras, le creux du coude. La tempe. La paupière aussi, très troublante, les cils, la soie des cils des cils battants. La lèvre, son renflement, sa pulpe. La peau, la fleur de la peau, des transparences poudrées, et la petite veine, bleue. Des réseaux, des circulations... La carnation, une physiologie de l'émoi, des événements épidermiques : rougeur, pâleur, frissons, tremblements, pulsations, ondes, regards ! Ah ! les regards, les prunelles voilées, mouillées, noyées, les yeux captifs, pénétrés, pénétrants, le séisme des regards mutuels. L'oreille ; le lobe, gonflé de sang. Il y a des soupirs, des murmures, des plaintes, variations instrumentales, et le souffle, le souffle sur l'épaule nue, la chevelure.

Contact, étincelles, l'arc grésille, électrique. Cela court dans le dos, les ailes du dos, jusqu'aux reins, à la chute des reins ! Au-delà : des combes, des lombes, des vallées, des gorges. Frôlées. Des tailles, des hanches, des flancs. Mon Dieu, le flanc ! Ne me parlez pas d'entrailles, je défaille... Tout ce qu'il y a de rétractile, d'érectile en anatomie sentimentale !

Le sentiment est très incarné. Le cœur est incarné, il a des érections et des orgasmes fabuleux. Aventures de la chair, promesse occulte, mystique du corps ambigu et de ses humeurs, une initiation à la connaissance. Connaître n'a rien à voir avec le savoir. Ainsi, je prenais connaissance. Dans la *Veillée des Chaumières, La semaine de Suzette, Bonnes soirées, Modes de Paris,* dans de vieux numéros du *Journal des Demoiselles,* de *L'Illustration...* Gyp, Bernage, Delly, Zénaïde Fleuriot ni Gabrielle Réval ne sont tenues en grande estime, pourtant elles écrivent, à l'opposé de l'épopée guerrière des hommes, dont les femmes sont exclues, la belle guerre des « Dames, en qui demeure l'esprit d'amour », disait Dante. On dit des auteurs de ces romans qu'elles écrivaient à la main, en secret, sur des cahiers d'écolière. Qu'elles les cachaient dans leurs armoires à linge, leurs commodes. Et sous leurs pseudonymes : Gyp, Delly... Jeanne Henriette Marie Petitjean de la Rosière – la Rosière ! Son cahier, découvert par la Mère. Les mères fouillent le linge de leurs filles. Tribunal familial : le Père, le Frère consentent à envoyer à l'éditeur : elle sera sociétaire et donatrice de la SGDL, à millions. Zénaïde Fleuriot : 83 romans, 3 par an ; couronnée par l'Académie française. Gabrielle Réval, fondatrice, avec

Séverine, du Prix Femina. Chaste et flétrie, best-seller... Marie-Claire, Marguerite Audoux : l'orpheline bergère d'agneaux, couturière de son état : le curé amoureux de sœur Marie-Aimée, et l'amour contrarié pour le fils de la ferme... Mais là, je parle d'un chef-d'œuvre.

Une fois, j'ai lu un livre qui n'était pas pour moi, du tout.

Pour dire si j'ignorais les catégories.

Une fois dévorés les feuilletons de grand-mère, c'était un peu pauvre en livres, dans la maison du vigneron mon grand-père, et le temps des vacances très long, deux mois de séjour, entre vignes et prés, grands ciels atlantiques. Le grand ennui, le bel ennui qui bâille. Personne pour nous amuser. Aujourd'hui, il y a des animateurs pour animer les enfants. Craignons-nous donc tant qu'ils ne s'étiolent, ne s'éteignent ? On occupe leur temps, on leur en fournit l'emploi : stages de canoë et consoles de jeux vidéo, livres de jeunesse – de jeunesse ! –, cahiers de vacances. Peur de perdre le contrôle, des digressions dangereuses, des errances mentales, du rêve ?... Pour nous, pas de cheval, ni guitare ou piscine, pas de voyages. Pas de radio non plus. Les balades à vélo, les échappées sur les petites routes et les flirts, transistor sur le porte-bagages, attaché au stand-off, *Salut les copains* : plus tard. J'ai encore sept, huit ou dix ans : sédentaire, assignée à résidence dans les parages immédiats, et la maison manque vraiment de ressources.

Dans l'armoire de la chambre d'en haut, il y a bien quelques volumes, en sale état. Vieille grammaire, vieux livres de Lectures de l'Instruction publique, Leçons de choses de l'autre siècle, le XIXe. Parmi, il y en a un, différent, relié, toile bleue. J'ai lu je ne sais quoi d'assez curieux, sans comprendre, ni m'interroger. Ennuyeux, je ne dirais pas : le mien ennui était bien plus grand, du temps vague et désemparé. J'ai passé, passé des pages sans images, erré de ci, de là, vol de poires, feuilleté encore et puis je suis longtemps restée quelque part, ne sais où, un vrai morceau de roi qui laisse l'heure en plan, plongée en apnée. Le soleil bascule, l'ombre tourne. Pas distingué de quoi il s'agissait, le sujet, l'histoire. Pas su non plus d'où venait l'étrange torpeur, langueur, délice, et le bien que cela faisait. Ne m'a pas laissé grand-chose en tête, au point que j'ai oublié. Vraiment oublié, longtemps, jusqu'à retrouver, il y a quelques années. Par une inadvertance. De ces concours de la circonstance. Le hasard a bon dos, pauvre diable. Cette année-là, pour mes élèves de Lettres, il y a les *Confessions* de Jean-Jacques Rousseau au programme du bac. Consciencieuse, j'acquiers le livre des origines, magistral fondateur de l'autobiographie occidentale : *Les Confessions de Saint Augustin*.

Je m'y plonge, courage : pas plus théologienne que philosophe, c'est ingrat. Soudain, suspens cardiaque, apnée, suffocante. J'ai déjà lu ce livre, celui-là, je le reconnais. Pages survolées, sautées, celles où j'ai passé du temps long d'été, et d'ennui, du temps rapide de rapt subit, transport, apesanteur. Le livre se souvient de mes impasses, il déploie mes courts-circuits et mes lenteurs, il se souvient de moi, huit ans. À toute vitesse, il rend son revenu de lecture. Il me revient, comme on dit : il m'appartient. Je ne l'ai pas lu, naturellement ! Pourtant ce serait assez chic : vous savez, moi, à huit ans, je lisais déjà Saint Augustin. Je l'ai lu, absolument, mais qu'est-ce que lire ?

On met du temps à apprendre que lire n'est pas de la première ligne à la dernière et dans l'ordre, que le lecteur vrai, libre, engage sa propre expérience du lisible, que sa première conquête est d'inventer la lisibilité. Je l'ai si bien lu, à tort et de travers, comme les romans de papier journal, si bien lu, que je retrouve enfin – enfin ? quand l'ai-je tant cherchée ? – cette expression étrange qui me poursuit, que de roman en roman j'écris, sans savoir d'où je la tiens. À quoi tient qu'elle fasse remonter en moi une émotion sans égale, une scène, un dispositif de ma vie antérieure, un état physique et mental, si puissant que je m'y abîme, à défaut de le connaître. Augustin est à Ostie avec sa mère Monique, pas encore saint, l'un ni l'autre. Une mère, un fils. Il va partir, traverser la mer Méditerranée sans retour ; elle va mourir. Ils sont à la loggia et « ensemble nous regardions le jardin où nous logions »... Ce quittement immobile, l'emboîtement des corps, je les imagine – j'imagine ceci : l'un derrière l'autre, elle sur son épaule, leurs regards plongeant sur l'enclos, contemplatifs et muets dans le consentement mutuel de l'amour, de la séparation et de la mort. Dans l'assentiment de la filiation et du don, la mort étreint la mère et son enfant déjà orphelin, déjà en allé, jamais plus séparés et ensemble qu'en cet instant. Qui n'a jamais existé, aussi bien – autobiographie ! – qui n'existe que parce qu'ainsi l'écrit Augustin, dans la fiction du langage. Pour moi. À des siècles de distance, sa lecture enseigne à une enfant ignare quelque chose d'inédit en elle, la prémonition d'un lieu où s'accomplissent en romanesque amour, vie et mort. En romanesque, c'est-à-dire en un imaginaire qui double la réalité d'un réel, et le rend au présent, vivant.

Revenir au texte, à la page, vérifier ce qui s'y dit littéralement ne me renseignerait pas davantage sur l'expérience de ma lecture d'alors. On ne lit jamais littéralement. On ne lit pas deux fois, on ne fait que relire. J'ai davantage imaginé, davantage rêvé que lu, mais ce que j'y voyais alors, je le vois encore, en cette forme inaltérable, vraie sinon exacte, que donne une lecture. En quoi se précipitent les faits, avérés ou fictifs, du lien d'amour qui nous identifie, nous édifie. Lire laisse en nous la trace latente de ce premier contact de langage qui travaille à son oubli et mue en chambre noire, jusqu'à s'énoncer un jour, et longtemps les livres lisent en nous ce que nous ignorons d'eux, ils nous connaissent déjà.

Il faut laisser les enfants lire des livres illisibles à eux. Il faut qu'ils tombent dans l'ennui d'un été pour que l'abordage brutal des mots les bouleverse d'une absence, d'une plénitude obscures. Quelle opération mentale assortit aux mots le chiffre du monde, celui du cœur et du corps, de l'esprit ? Pour déchiffrer, il faut, je le dis encore, qu'il y ait du chiffre, du secret, de l'opacité, des résistances occultes. Il faut laisser les enfants tomber dans ce qui ne les regarde pas, pour que cela les regarde. Il faut qu'ils ouvrent des livres qui ne sont pas écrits pour eux, et qu'ils passent les pages illisibles, en diagonale, à l'aveuglette, au petit bonheur la chance. Les laisser s'égarer, traverser des pans entiers de désert sans carte, mal lire. Bout à bout anachronique, éclectique, hasardeux, on ne sait où ni quand les épiphanies adviennent. Je n'ai retenu, des *Confessions* d'Augustin, que cette scène, à moi sublime. Elle me construit en imaginaire et dans les réalités. Elle voisine, familière, énigmatique, avec les mystères cruels des sagas familiales surprises sous la table, l'agonie de la vieille que rien ne désaltère, avec la légende d'amour de loin et les émois de littérature populaire et féminine, romanesque du sentimental, aventures du cœur énergumène, sorcier, funeste et ravissant qui enseignent en secret, en toute obscurité, la plus grande aventure des sens et de l'esprit, les hauts dangers de l'érotique et les puissances imaginaires de l'amour.

Je parle des enfances de la lecture. Non pas de lecture enfantine, encore moins de littérature de jeunesse, qui est infantile. Je parle d'une jeunesse de la lecture, tant ce que nous connaissons vient de ce qui est dit – écrit – bien avant nous dans les livres, tant la littérature nous précède et instruit notre vie.

Anne-Marie Garat

Après des études de lettres et de cinéma à Bordeaux et Paris, Anne-Marie Garat enseigne la photographie et le cinéma. Ainsi participe-t-elle à la *Petite fabrique de l'image* (Magnard) ou à des albums de photographies, comme avec *Le bassin d'Arcachon, mer intérieure*. Son essai *Photos de famille* (Seuil, 1994) témoigne de son intérêt pour ces « images sans qualités » nourries de notre quotidien. Il n'est donc pas étonnant de voir l'image s'immiscer dans son œuvre littéraire au travers de personnages liés aux représentations iconographiques, ou par l'écriture elle-même qui s'enrichit d'un regard précis et d'une attention toute particulière aux détails. Loin des clichés, ses romans adoptent toujours un point de vue propre à révéler l'intériorité des personnages. En 1992, elle est distinguée par le **Prix Femina** pour son roman *Aden*. D'autres romans, dont *La Chambre noire* (1990), *Merle* (1996), *L'Amour de loin* (1998), *Les Mal famées* (2000), *Nous nous connaissons déjà* (2003), *La Rotonde* (2004), ont été remarqués par la critique. Dans *Une faim de loup – Lecture du petit chaperon rouge* (Acte Sud, 2004), Anne-Marie Garat développe une brillante analyse du conte de Perrault fondée aussi bien sur l'histoire et l'ethnographie que sur la psychanalyse. Son dernier roman, *La Main du diable* (Actes Sud 2006), est un roman "au long cours" dans lequel elle retrouve avec brio la verve oubliée du roman-feuilleton, hommage qu'elle rend à ses premières passions de lecture. Anne-Marie Garat est présidente du Conseil d'administration de la Maison des Écrivains.

Michèle GAZIER

Comment j'ai lu Don Quichotte, *roman d'amour*

Michèle Gazier

Pourquoi voudrait-on que les romans d'amour soient tous sur un modèle unique : deux êtres qui s'aiment avec passion ? Embûches, séparations, retrouvailles, attente. Les romans d'amour finissent souvent mal car le bonheur des amants n'est ni un sujet littéraire – le bonheur n'a pas d'histoire , ni un sujet moral. Paix et amour éveillent le soupçon : les gens heureux vivent cachés parce qu'ils ont sans doute des choses à cacher. Quant aux amants, ils transgressent souvent l'ordre social, et l'ordre divin, ce qui leur vaut d'être punis par le ciel qui a bien des défenseurs sur terre.

Il n'y aurait donc pas de romans d'amours heureux...

Dans le jardin de mon enfance, l'automne s'endimanchait d'énormes dahlias aux pétales charnus et colorés. Ma voisine, de quelques années mon aînée, et donc plus délurée, et moi passions des heures à les effeuiller cherchant à lire dans l'abondante chevelure pourpre de ces fleurs, notre destin encore lointain d'amoureuses. L'homme de notre vie, encore bien indéterminé allait-il nous aimer un peu ? Beaucoup ? Passionnément ? À la folie ? Point du tout ?

J'aimais que la fleur, perdant son dernier pétale, fût enfin chauve sur cet « à la folie » qui m'a toujours semblé être le maître mot de l'amour. Aimer à la folie, à en perdre la raison, à ne plus savoir qui l'on est, à ne plus rien comprendre de ce qui vous entoure, à habiter un monde où ce qui n'est pas l'objet aimé n'a aucune importance. Tout voir à la lumière de l'amour.

Bien sûr en ce temps-là de mes six ans, je n'avais de l'amour fou qu'une image lointaine et sublimée. C'est bien plus tard qu'on comprend que les folies imaginées dans l'enfance sont comme les images d'Épinal qui les accompagnent : joliment raisonnables.

Et Don Quichotte ?

Don Quichotte en ce temps-là était encore bien loin, je n'avais lu de ses aventures que le chapitre où il combattait les moulins à vent, soit quelques pages dans mon livre de classe. Ainsi sortie de son contexte, et sûrement adaptée pour de jeunes lecteurs, l'aventure de ce faux chevalier fou était destinée à nous faire rire. Don Quichotte affadi, sans histoire personnelle, sans passé, m'était apparu comme une personne sympathiquement ridicule, une sorte de clown.

Il m'aura fallu attendre des lustres pour comprendre que ce roman d'amour que j'avais cru trouver dans les pages de *La Princesse de Clèves*, de *Tristan et Yseut*, des *Hauts de Hurlevent*, ce roman où l'on aimait à la folie, n'était autre que *Don Quichotte de la Manche, l'ingénieux Hidalgo* dont j'abordais la lecture en espagnol cette fois, poussée par cet autre forme d'amour qu'est la recherche de ses racines à travers une langue qui fut celle de vos ancêtres, et que vous avez péniblement apprise sur les bancs du lycée.

Dans ce Sud qui était le mien, non loin de la frontière espagnole, toute appartenance à la Péninsule ibérique vous valait alors, dans les années cinquante-soixante, des remarques peu amènes. Pour ces Languedociens, la langue espagnole n'avait aucune lettre de noblesse. Elle était parlée par des va-nu-pieds, des émigrés pauvres, souvent des rouges dans cette après-guerre civile.

Après le triomphe de la dictature franquiste ils avaient été nombreux ces républicains d'outre-Pyrénées à fuir leur pays déchiré. La France les avait d'abord parqués dans des camps. Puis, avec les années, ils s'étaient embauchés dans les vignes, seul débouché agricole de la région. Derrière l'Espagnol – langue et individu confondus – se cachait toujours un vendangeur, en ce temps-là, figure emblématique du précaire, du pauvre. D'où l'équation ordinaire : espagnol = idiome de vendangeur.

Sans encore rien connaître de ce Don Quichotte qui se proposait, entre autres, de « enderezar los tuertos » redresser les tordus, Je me suis obstinée à jouer les redresseurs de torts. Il fallait redorer le blason de cette langue décriée, qui, je l'affirmais non sans arrogance, deviendrait grâce à moi, pour tous ces êtres méprisants et ignares, celle de Cervantès.

Propos ambitieux, d'autant plus que je le répète, je n'avais rien lu de plus que ce fameux chapitre des moulins à vent. Le reste, le prestige du nom de Cervantès, relevait de la fiction. Je bluffais. Je restituais ce que j'avais entendu dans la bouche de mes professeurs. Mais l'idée de l'amour précède souvent l'amour qui devient alors une forme de re-connaissance.

Sauver l'honneur perdu d'une langue que je baragouinais non sans mal, c'était encore se prendre pour Don Quichotte, en tout cas former des projets un peu fous. C'était aussi, simplement une forme d'amour et de provocation. Après tout se battre contre des moulins à vent c'était d'abord se battre. Question d'honneur. Et l'honneur pour les chevaliers de tous poils et pour les Espagnols du temps de Cervantès en particulier, était le plus noble des sentiments. On offrait volontiers ses biens et sa vie au roi, mais l'honneur, « patrimoine de l'âme », n'appartenait qu'à Dieu...

Pour voler au secours de cette langue décriée, il ne me restait plus qu'à me plonger dans la lecture et l'étude du chef-d'œuvre de Cervantès.

Comme pour toute rencontre qui bouleverse une vie, on n'oublie jamais les circonstances de ce premier contact, de ces premiers mots échangés. Je ne résiste donc pas au plaisir de vous faire entendre l'ouverture de ce grand roman d'amour.

« *En un lugar de la Mancha de cuyo nombre no quiero acordarme*... Dans un village de la Manche, dont je ne veux pas me rappeler le nom, vivait il n'y a pas longtemps un de ces chevaliers avec lance au râtelier, bouclier de cuir à l'ancienne, levrette pour la chasse et rosse efflanquée (...) »

Suivent quelques lignes où l'on parle de l'ordinaire et de l'entourage du sieur dont l'auteur ne connaît pas le nom avec certitude, hésitant entre Quichada, Quesada et Quechana, ce qui, dans le fond, est sans importance car l'identité civile de l'homme n'apporte rien au récit. L'indispensable en revanche vient ensuite :

« Or, il faut savoir que ce gentilhomme passait des heures d'oisiveté, c'est-à-dire le plus clair de son temps, plongé avec ravissement dans la lecture des romans de chevalerie au point qu'il en oublia presque l'exercice de la chasse et l'administration de son bien. Pour satisfaire cette avidité extravagante, il finit même par vendre plusieurs arpents de bonne terre et s'acheta autant de romans qu'il en put trouver. »

Cette lecture excessive, boulimique, dévorante et dévoreuse, a coupé Don Quichotte du monde réel. Il ne veut plus exister que dans le mirage de l'univers des romans de chevalerie qui lui ont tourné la tête. Lorsqu'il quitte, parfois, rarement, ce monde inspiré par les romans, Quichotte n'est plus fou. Est-ce à dire qu'il est alors sage ? Non, ou alors il faudrait définir la sagesse par la banalité. Hors de sa chimère, Quichotte est comme tout un chacun, un homme avec une histoire d'homme. Lorsqu'il cherche à trouver de l'argent pour se procurer les armes de sa condition de chevalier errant, il se comporte comme n'importe lequel de ses contemporains. Il vend ou engage des objets. Il sait alors le prix des choses même si, peu doué en affaires, il se fait avoir par plus malin que lui. Mais dès qu'il est pourvu de tous ces attributs de la chevalerie que son imagination améliore et transforme : un casque à visière, un bouclier de fer, une épée, une fière monture, sa vision du monde change. Il est comme l'amant ensorcelé qui a bu le philtre d'amour. Il est transfiguré par sa passion chevaleresque. Il a aimé les romans de chevalerie à la folie, il a trouvé dans leur lecture le sel de sa vie trop fade. L'amour de ces romans le grandit à ses propres yeux. Le regard trivial des autres lui importe peu. Quichotte vit en dehors du regard des autres, ou plus exactement le regard des autres l'effleure à peine puisque, lui, ne les voit pas comme ils sont mais comme, fruits de sa chimère, ils devraient être. Dans la reconstruction de son monde, le réel n'a pas sa place. L'amour fou sublime le réel. Quichotte voit ce à quoi il croit. Il voit avec les yeux de sa foi, de son amour pour un univers qu'il veut sien, qu'il fait sien.

Visages et paysages sont recouverts par la force de l'imaginaire que dégagent les mots des livres. Tous les lecteurs le savent, lire c'est acquérir le prodigieux don d'ubiquité, avoir mille vies, voyager immobile, oublier les tourments du réel pour épouser ceux de la fiction. La différence entre un lecteur passionné ordinaire et Don Quichotte, c'est que le premier vit un amour sage et revient à la vie en refermant le livre tandis que le second, cédant à la folie amoureuse et à l'empathie sublimée, commence à vivre entre des pages qui ne se referment jamais. S'adressant à Sancho avant de se lancer dans une dangereuse aventure, il lui dit :

« Apprends Sancho, que le ciel m'a fait naître dans cet âge de fer pour redonner vie à celui que l'on nomme l'âge d'or. C'est à moi que sont réservés les pires dangers, les plus grands exploits, les plus hauts faits d'armes. C'est à moi, entends-tu de ressusciter les chevaliers de la Table ronde, les douze Pairs de France, les neuf chevaliers de la Renommée ».

Sa vie, on l'aura compris, est plus qu'un roman, c'est une bibliothèque tout entière.

À défaut d'être au pied de la lettre hidalgo, *hijo de algo*, c'est-à-dire fils de quelqu'un, Quichotte est fils de ses lectures. Celles-ci, comme on vient de le voir, lui imposent de vivre des aventures chevaleresques mais aussi de vivre une histoire d'amour. Comme tout bon chevalier, Quichotte se doit d'avoir un écuyer pour le servir et une dame de ses pensées à qui donner son cœur et offrir ses trophées.

Je n'insisterai pas sur le rôle essentiel du bon Sancho Panza, paysan recruté « à force de bonnes paroles et de promesses », écrit Cervantès, qui ajoute : « Don Quichotte lui disait, entre autres choses, qu'à la première aventure où il gagnerait un archipel, ce qui n'allait pas tarder, il lui en confierait le gouvernement et qu'il avait donc tout avantage à l'accompagner ». Le rêve d'archipel traverse les deux parties du roman et quelque sept cents pages après l'apparition de cette promesse dans le roman, on retrouve le bon Sancho proclamé « gouverneur perpétuel de l'archipel de Baratarie », en réalité « une bourgade prospère d'environ mille âmes ». Le pouvoir de l'imaginaire n'a pas de limites.

Mais revenons-en à la dame des pensées de Don Quichotte. En réalité, notre « ingénieux hidalgo » a trop consacré de temps à ses livres pour en avoir accordé beaucoup à séduire les jeunes personnes. Réservé, voire timide, il n'a jamais osé déclarer son amour à la moindre femme croisée dans sa vie ordinaire. Et le temps a passé, l'âge mûr, puis la vieillesse ont fait s'évanouir les projets amoureux. Mais désormais chevalier, vivant et luttant dans un autre espace que celui, étroit, des relations sociales entre villageois d'une même contrée, il peut choisir la belle qui le fit jadis soupirer pour en faire sa dame, celle dont il portera les couleurs et qu'il servira dévotement.

Écoutons ce qu'en dit Cervantès :

« Il y avait, semble-t-il, une jeune paysanne fort avenante dont il avait été quelque temps amoureux, mais qui, selon toute apparence, n'en avait jamais rien su et ne s'en était jamais soucié. Cette demoiselle, nommée Aldonza Lorenzo, devint la dame de ses pensées. Voulant pour elle un nom qui ne fût pas indigne du sien et annonçât la princesse ou la grande dame, il l'appela Dulcinée du Toboso, car elle était native de ce village. Et ce nom lui parut tout aussi harmonieux, singulier et significatif que ceux qu'il avait trouvés pour lui-même et pour son cheval. »

Notons chez Quichotte le besoin de renommer les êtres, les choses et les bêtes (son cheval Rossinante aura sa part dans l'épopée) pour les faire entrer dans son univers de chevalerie. Sancho Panza, lui, garde son nom, il est écuyer, selon la tradition, interlocuteur et serviteur. Il est celui qui, le plus souvent, fait semblant de croire aux folies de son maître et qui, parfois, entre dans sa folie. Il est le lien au réel et le partenaire de la folie. Ainsi accepte-t-il le titre de gouverneur perpétuel de l'archipel, prêt à croire brièvement à son rêve fou.

Roman lu et défendu par amour d'une langue maltraitée, roman d'amour fou de la lecture, Quichotte est aussi un roman d'amour courtois puisque le brave hidalgo va déployer pour sa dame toutes les stratégies amoureuses que lui ont inspirées ses lectures. Cela suffirait déjà à justifier le choix de Don Quichotte pour tenter de répondre à la question : Comment je lis des romans d'amour ? Il me semble pourtant qu'on peut trouver dans cet immense roman ici à peine effleuré, des signes même modestes de passions plus charnelles chez ce boulimique lecteur et éthique chevalier. Amoureux de sa dame, Don Quichotte l'est car, dit-il,

« il est impossible qu'il existe des chevaliers errants sans dame, car il leur est aussi naturel et nécessaire d'être amoureux qu'au ciel d'avoir des étoiles. »

Quant à la dame de ses pensées, le portrait qu'il en fait mérite qu'on s'y attarde quelque peu :

« (...) Je vous dirai seulement que son nom est Dulcinée, sa patrie Le Toboso, un bourg de la Manche, son rang, pour le moins princesse, puisqu'elle est souveraine de mes pensées ; et sa beauté surhumaine, puisqu'en sa personne se réalisent les impossibles et chimériques attributs dont les poètes parent leurs maîtresses. Ses cheveux sont de l'or, son front des champs élyséens, ses sourcils deux arcs célestes et ses yeux deux soleils ; ses joues sont des roses, ses lèvres des branches de corail, ses dents autant de perles ; elle a le cou d'albâtre, la gorge de marbre, les mains d'ivoire et la blancheur de la neige. Quant à ces parties que la pudeur impose de voiler aux regards humains, elles sont telles, selon ce que je puis juger et imaginer, qu'elles n'admettent pas la comparaison, mais seulement des éloges. »

Pour être chevalier, et malgré sa folie, Quichotte n'en est pas moins homme. Certes, il empile les clichés classiques de la beauté féminine selon les canons de l'amour courtois, mais lorsqu'il aborde « ces parties que la pudeur impose de voiler », il reprend en quelque sorte la main. Il souligne les limites de son appréciation « selon ce que je puis juger », et s'empresse d'ajouter « et imaginer ». Paradoxalement lorsque Quichotte entre dans la peau du chevalier à la triste figure, il n'imagine pas sa nouvelle condition, il la vit sans médiation. L'imagination est la liberté du lecteur, du voyeur, de l'esthète, de l'homme. Lorsqu'il évoque le corps de Dulcinée-Aldonza, Don Quichotte imagine ses charmes, non pas comme les lui dicterait la tradition courtoise, mais comme lui, un homme de son temps, les apprécie. Il quitte la précision du cliché pour le flou de l'évocation, il néglige le carcan de l'image pour la rêverie de l'imaginaire. Quichotte s'évade en rêvant sur la silhouette d'une femme qui, l'espace de ce rêve et peut-être en souvenir, resurgit du temps passé où il fut amoureux d'elle, n'est ni une princesse ni une paysanne, juste une femme.

Cet amour courtois aveugle qu'aiguise parfois une pointe de désir lui impose la fidélité, une des vertus cardinales du chevalier. Mais être fidèle ne consiste pas à n'avoir d'yeux que pour sa dame. La fidélité à un coût, la maîtrise de soi, et un prix, l'honneur.

Alors comment se comporter devant Maritorne une peu vertueuse servante d'auberge, prête à rejoindre dans son lit un muletier de passage, lorsque selon sa lecture du monde, Quichotte voit en elle une noble dame séduite par sa personne et son statut de chevalier ? Impossible de rester insensible aux charmes de Maritorne. La bienséance récuse l'indifférence face à une beauté. Impossible de céder à la tentation. Mais un homme d'honneur doit justifier son manque d'empressement.

Don Quichotte avance deux arguments pour expliquer sa froideur.

Le premier, pour le moins surprenant de la part du chevalier à la triste figure, pourrait être celui de n'importe quel homme tenté mais trop épuisé pour conclure. En bref : il voudrait bien mais il ne peut pas :

« Belle et noble dame, j'aimerais pouvoir payer de retour l'insigne faveur que vous me faites en dévoilant à mes yeux votre beauté égale. Mais la fortune qui jamais ne se lasse de persécuter les gens de bien, m'a jeté dans ce lit, moulu et brisé, de sorte qu'il me sera impossible, malgré tout le désir que j'en ai, de satisfaire le vôtre. »

Le second argument, lui, est celui que l'on pouvait attendre d'un preux chevalier :

« À cette impossibilité s'en ajoute une autre plus grande encore : C'est la fidélité que j'ai promise et jurée à l'incomparable Dulcinée du Toboso, unique dame de mes plus secrètes pensées. Sans cet obstacle majeur, je ne serais pas assez sot pour laisser passer une heureuse occasion, que dans votre immense bonté, vous avez daigné m'offrir. »

Même s'il affirme la primauté du second argument sur le premier, la fidélité étant dans sa bouche « cet obstacle majeur », on peut voir que l'aveuglement de Don Quichotte peut parfois être sélectif et que si les valeurs de l'amour courtois inhérentes à sa condition imaginaire de chevalier guident son cœur, il n'est pas insensible à la beauté réelle, au désir, aux sollicitations d'un amour plus incarné.

Par la voix des chevaliers de papier et d'encre qu'il réveille, Quichotte épouse des contraintes et, en un sens, se donne aussi les moyens d'une forme de liberté.

Lors d'un récent colloque qui réunissait des partenaires de la chaîne du livre, dont quelques écrivains, une question était posée concernant la lecture :

Pourquoi développer le goût de la lecture ?

Tout à mon obsession de venir vous présenter ma lecture de Don Quichotte, prince des lecteurs, j'ai relevé quelques phrases que je jette ici en vrac, en guise de conclusion :

D'abord ces deux questions posées par Agnès Desarthe : « Où je suis quand je lis ? Qui je suis quand je lis ? » ;

Ensuite, cette citation de Calvino : « Il y a des choses que seule la littérature peut offrir de sa manière propre ».

Enfin, cette remarque de Marcel Proust qui traverse toute son œuvre : « la vraie vie, c'est la littérature ».

Michèle Gazier

Michèle Gazier, spécialiste de littérature espagnole et sud-américaine, dont elle a traduit ou fait connaître en France de nombreux auteurs, est aussi romancière et critique littéraire. Par ses romans, elle a composé une véritable œuvre, intimiste et très attachante, qui met en scène un univers familier et inquiétant où le récit flirte avec l'énigme policière, la fable ou le conte. Romancière réaliste que la réalité dérange, Michèle Gazier tente de résoudre par le biais de la fiction les mystères de la féminité (*Nativités*), de la filiation (*Un cercle de famille*), de l'identité (*Le Merle bleu*, *Le Fil de soie*), de l'apparence (*Les Garçons d'en face*, **Prix du livre Europe** 2003 et **Prix du roman au féminin.com** 2003 délivré par des internautes). Dernier roman : *Un Soupçon d'indigo* (Le Seuil, 2008). Michèle Gazier estime que le roman est un moyen d'élucidation des questions réelles qu'elle se pose : « Je pourrais répondre par un essai mais je crois que le roman va plus loin que l'essai. » Elle a tenu pendant plusieurs années la critique littéraire de *Télérama*. Elle est membre du Conseil supérieur des bibliothèques et membre du jury du Prix des Écrivains du Sud.

Stéphane HEUET

L'Atlantide, *de Pierre Benoît*

Stéphane Heuet

Milady de Winter dans *Les Trois Mousquetaires*, Miss Ylang-Ylang dans *Bob Morane*, Rita Hayworth dans *Gilda*, Gene Tierney dans *Laura*, Marlène Dietrich dans *L'Ange bleu*, Lauren Bacall dans *Le Grand Sommeil*, Mata Hari, Cléopâtre, Salomé...

Adolescent, les femmes fatales me faisaient rêver ; l'amour absolu passait par le risque total ; et dans *L'Atlantide*, publié en 1919 et Grand Prix de l'Académie française, la femme fatale s'appelle Antinéa.

L'histoire se déroule aux confins du désert : Antinéa, petite-fille de Neptune, reine de l'Atlantide, a pour coutume de faire enlever de jeunes explorateurs et officiers coloniaux choisis parmi ceux qui s'aventurent près de son royaume secret perdu dans le massif du Hoggar. Elle en dispose pour son plaisir et, quand elle se lasse, les répudie. Éperdus d'amour, ces hommes cessent de s'alimenter, s'abrutissent de haschich ou d'alcool, se laissent mourir ou se suicident violemment. Transformés par galvanoplastie, leurs corps sont alors disposés dans la salle de marbre rouge, conservés dans des sarcophages d'orichalque sur lesquels sont scrupuleusement inscrits leurs noms, âges et qualités. Quand, capturés, le capitaine Morhange et le lieutenant de Saint-Avit découvrent la collection, elle en est au numéro 53.

Toute cette belle organisation est brusquement bouleversée, car Antinéa, pour la première fois, tombe amoureuse : elle s'éprend de Morhange, sorte de moine-soldat qui reste insensible aux charmes de cette mante religieuse et refuse ses avances. Bafouée, elle s'offre alors au lieutenant de Saint-Avit, fou de désir, à la condition qu'il tue son ami.

Mais l'abominable forfait accompli, Saint-Avit est comme déssillé et s'évade de la cité des sables en compagnie d'une petite esclave mandingue. Sauvé seul du désert par une patrouille de méharistes, il échappe aux soupçons et est rapatrié en métropole.

Hanté par l'image d'Antinéa flanquée de son guépard Hiram-Roi, l'officier spahi ne résiste toutefois pas au désir de revenir vers elle, et se fait affecter au commandement d'un fortin isolé à la frontière du désert. Le roman commence la nuit où Saint-Avit raconte cette aventure au lieutenant Ferrières, l'autre officier français du fort, lui aussi bientôt envoûté. Une lettre liminaire de Ferrières nous explique que les deux hommes vont partir à l'aube pour le Hoggar, sans espoir de retour.

Au petit jour arrive Cergheïr-ben-Cheïkh, le silencieux Targui recruteur d'Antinéa, venu montrer le chemin.

Selon les calculs de Saint-Avit, dans la Salle de marbre rouge, on doit en être aux sarcophages 80 ou 85...

Antinéa subjugue entre toutes et son pouvoir de séduction est tel qu'il bouleverse l'ordre établi : Africaine, elle asservit des chefs occidentaux, enchaîne des colonisateurs. Femme, elle enlève, prend, soumet et répudie des hommes.

Nombreux sont ceux qui, fascinés par ce roman, s'en sont inspirés. Pas moins de vingt-cinq adaptations cinématographiques ont été réalisées, et l'univers onirique de Pierre Benoit est reproduit jusque dans les bandes dessinées d'Hergé. À la lecture de *L'Atlantide*, on ne peut s'empêcher de penser au refuge de l'émir du Khemed, cité antique cachée dans un désertique massif montagneux et au guépard Aïcha dans *Coke en stock*, aux hommes bleus, aux patrouilles de méharistes français du *Crabe aux pinces d'or*, et aux sarcophages gravés aux noms de Tintin et Milou des *Cigares du Pharaon*.

Le Hoggar n'est plus parcouru par les spahis et Antinéa se languit, mais d'autres femmes fatales perpétuent la légende et nous ensorcellent dans *La fièvre au corps*, *Basic instinct*...

Stéphane Heuet

« Il a fallu une grande imagination à Marraine-la-fée pour faire de moi un auteur de bandes dessinées. Né à Brest en 1957, je suis issu une lignée de militaires. Mon père était officier de marine, et tenait plus du capitaine Achab que d'Archibald Haddock, car il avait perdu une jambe en Indochine. Il m'a offert mon premier dériveur quand j'étais encore à l'école primaire. Mon avenir était tout tracé : vinrent les scouts marins, puis le collège militaire de Saint-Cyr, dès l'âge de neuf ans. Pendant des années, j'ai sillonné l'Océan indien et la mer Rouge sur des bateaux gris. C'est à cette époque qu'a eu lieu ma première rencontre avec Proust. À Djibouti, immobilisé par une fracture, j'ai tenté en vain de lire *A la recherche du temps perdu*. Trop jeune, trop insouciant ; le livre m'est tombé des mains. Des raisons familiales m'ont fait revenir en France sur la terre ferme et devenir directeur artistique dans la publicité. Le dessin a toujours été une seconde nature, mais j'y ai appris à marier le texte et l'image. C'est à trente-huit ans qu'a eu lieu ma deuxième ascension de *La Recherche*, et là, tout m'a paru différent. Un éblouissement. Les œuvres d'art, l'humour, l'époque, l'idée m'a pris de tenter la transcription de ce que je “voyais” en lisant. Juste pour essayer. Au début, ces transcriptions remplissaient de petits cahiers. Cela fonctionnait, en tout cas c'était bien ma lecture, et j'ai continué. Il a fallu que j'obtienne les autorisations, ce que l'on appelle “le droit moral”, puis j'ai eu la chance d'intéresser des éditeurs. Tout ce qui a suivi, tout le reste en fait, c'est de la cuisine : sauvegarder les métaphores, ne pas couper les mots, et donner au texte un aspect “facile à lire” en le réduisant mais en conservant le rythme de Proust, sa grammaire et son style. En ce qui concerne le dessin, même idée de simplicité pour les personnages, comme dans *Tintin* ou *Blake et Mortimer* (mais pas pour les décors et les arrière-plans, tout au contraire, se documenter, en courtisant toutes les Miss Moneypenny, fidèles secrétaires des conservateurs de musées). Depuis, ce travail représente l'essentiel de mes activités. Quatre tomes ont paru (*Combray*, *À l'ombre des jeunes filles en fleurs* tomes I et II, *Un Amour de Swann*). J'ai par ailleurs dessiné les exploits maritimes de Jules-Alphonse Poret de Blosseville (qui, comme chacun sait (!), est le seul Français à avoir donné son nom à une terre du Groenland), plusieurs affiches et couvertures de livres, et les dessins d'un carnet de voyage littéraire, *Sur les pas de Jules Verne*, aux Presses de la Renaissance. Je vis à Paris, et j'ai deux enfants. » Pour sa très belle mise en images de l'univers de Proust, Stéphane Heuet a reçu le **Prix des Écrivains du Sud 2007**.

Christine JORDIS
L'Amant de Lady Chatterley*

* Ce texte s'inspire étroitement de l'étude plus longue que j'ai écrite sur les romans de D.H. Lawrence et publiée dans *Le Paysage et l'Amour* (Seuil, 1994). En particulier, quelques citations ont été reprises.

Christine Jordis

L'Amant de Lady Chatterley n'est pas mon roman d'amour préféré. Pendant longtemps, toute mon adolescence en fait, et même bien après, j'ai été hantée par les *Hauts de Hurlevent*, le roman unique qu'écrivit Emily Brontë. Il me semblait que, plus qu'une œuvre d'art, c'était une œuvre d'être : l'un de ces livres habité par la personnalité extraordinaire de leur auteur et, autant que du roman, c'est de l'écrivain et de sa vie recluse que j'étais éprise.

L'amour y est fondé sur le sentiment d'identité. « Je suis Heathcliff », crie Catherine Earnshaw. Niant les conventions et les considérations habituelles d'appartenance à une société, à une classe sociale et, même, à un sexe, il exprime la révolte devant tout ce qui limite le désir ou tente de le restreindre. Il est aussi sauvage et libre que le vent de la lande, aussi rude et impitoyable que l'hiver et les éléments déchaînés. C'est un amour destructeur, dévorateur, une sorte de rage de fusion qui va jusqu'au meurtre, puisque Heathcliff tue sans remords celle qu'il aime. Un amour intimement lié à la mort, à l'annihilation de soi.

On peut être ainsi fasciné par la passion pure, désentravée, délivrée de tout ce qui d'ordinaire l'enrobe, l'atténue, la masque et la situe : la passion portée à son extrémité.

Mais aujourd'hui, ayant relu *L'Amant de Lady Chatterley*, qui est beaucoup plus qu'un roman d'amour, je dirai que ce livre, abordé beaucoup plus tard dans ma vie et souvent relu depuis, a gardé un pouvoir d'enchantement égal, ou peut-être encore accru par le temps et, surtout, qu'il atteint à l'essentiel : à ce qui nous préoccupe tous, plus ou moins consciemment, au plus profond de nous-même. Je dirai qu'il me satisfait pleinement.

C'est beaucoup plus qu'un roman d'amour, c'est-à-dire l'histoire des sentiments qui relient un homme et une femme.

Lawrence voyait dans l'amour sexuel un lien en quelque sorte impersonnel qui dépasse de très loin l'individu étroit auquel il s'adresse. Certes Mellors, le garde-chasse aime Lady Chatterley, mais, comme elle le constate elle-même, en faisant l'amour, il étreint bien plus qu'une personne, avec sa psychologie et ses caractéristiques particulières : par le sexe, il se relie, et il la relie, à un courant de vie plus vaste, à la nature autour d'eux, à la terre et aux étoiles, à l'univers tout entier : en réalité c'est la *vie* même, comme totalité, qu'il rejoint en elle, avec elle, à travers elle.

L'amour charnel signifie la vie, dans une société où la mort gagne subrepticement. Une société rongée par la mort et le néant. Le roman fait le constat de la stérilité partout à l'œuvre, puisque l'homme a perdu certains de ses pouvoirs essentiels. Lawrence, comme Ruskin, comme Blake avant lui, fut profondément bouleversé par l'arrivée de la civilisation industrielle.

Elle amenait le culte du rendement, de l'argent et du profit, basé sur une compétition à mort, qui détruit l'homme et sa nature véritable (Gandhi, dans *Hind Swaraj*, en 1909, proféra les mêmes accusations). L'homme, mis au service de la machine et d'un idéal qui le rabaisse, est mécanisé, déshumanisé, robotisé, et la terre, démembrée, divisée, porte les traces de cette mutilation profonde. Les liens organiques entre la terre et les hommes ont été remplacés par des fonctions purement mécaniques, c'est-à-dire que la vie en est absente.

Et Lawrence recherche une voie qui lui permette de retrouver le chemin perdu de la vie – autrement dit, un moyen de réenchanter le monde. Que cette voie soit le sexe – mais un sexe qui n'a rien à voir avec celui d'aujourd'hui, qui en serait même l'opposé – ne devrait pas nous faire conclure à de la naïveté. C'est l'indication de ce qu'il a ressenti, lui, un homme né à la fin du XIXe, dans un milieu pauvre de mineurs (son père était mineur, sa mère maîtresse d'école, un couple très mal assorti), étouffant d'étroitesse et de puritanisme. Sa libération par l'amour, lorsqu'il rencontra la très émancipée baronne allemande, Frieda von Richthofen, dut être à la mesure de l'éclosion merveilleuse qu'il décrit dans *L'Amant de Lady Chatterley*. Il n'est pas indifférent de savoir qu'il était mourant lorsqu'il écrivit ce livre (1928, Lawrence mourut en mars 1930), qui est si plein du sentiment de la vie, et que le roman banni, brûlé, détruit (comme le furent ses peintures jugées obscènes) ne fut publié que trente ans plus tard, longtemps après la mort de son auteur.

L'acharnement de l'époque nous paraît aujourd'hui étrange, mais il faut imaginer ce début de siècle, imaginer la répression contre laquelle Lawrence se battit, l'Angleterre étouffante dans laquelle il vécut, pour comprendre le défi, l'explosion de révolte, la force de vie libérée dans *L'Amant de Lady Chatterley*.

On le détesta parce qu'il avait échappé à son milieu d'origine, qui était la classe ouvrière, on le détesta pour avoir épousé une Allemande, qui plus est d'une classe supérieure à la sienne, on le détesta aussi pour avoir violé les conventions et appelé les choses du sexe par leur nom (fuck, cunt, les fameux mots de quatre lettres). On le détesta pour avoir chanté le sexe qui à l'époque était un sujet tabou, au mieux, dit-il, un moment agréable à la suite d'une bonne conversation, au pire une détente salutaire à l'équilibre nerveux. Un sexe frappé d'insignifiance, de nullité, vidé de sa magie et de ses pouvoirs.

Dans cette société déshumanisée, l'homme éprouve un grand sentiment de vide. « Le temps passe agréablement sans que nous nous en doutions », telle est la définition du bonheur que donne Lady Bennerley dans *L'Amant de Lady Chatterley*. Les jours passent et rien n'arrive : unis et lisses, ils ne laissent pas de marque. Ils glissent en surface, sans nous atteindre dans les profondeurs de nous-même. La vie étant faite d'une succession ininterrompue de moments nuls et plaisants, plus ou moins. On s'affaire, on court, on agit sur tous les plans. Une vie bien remplie, pense-t-on, parfois trop, et, malgré cela, le sentiment inquiétant que le temps passe à côté de nous, qu'il est en quelque sorte extérieur à nous. Les rôles que je me suis choisis, mère, épouse, enseignante ou employée... je les remplis de mon mieux. Mais on peut, ainsi, faire toujours de son mieux, ou le tenter, et passer pourtant une vie entière en restant séparé, constamment séparé, de ce que l'on pressent sans pouvoir y atteindre : un instant de coïncidence avec soi-même.

Mécanisme vide d'une vie fondée sur l'habitude et la répétition, où rien ne se perçoit qui ne soit déjà légèrement émoussé. « Néant ! écrivait Lawrence. Accepter le grand néant de vivre semblait être le seul but de la vie. Toutes les petites choses affairées et importantes qui composent le grand total du néant ! »

Dans sa grande demeure de Wragby Hall, prise par la routine de ses diverses obligations sociales, Connie Chatterley est à demi morte déjà. Servir le thé à Clifford, son mari invalide, lui faire la lecture, arranger les fleurs dans un vase, organiser des réceptions et veiller à la conversation, éventuellement prendre un amant, dont elle se force à croire qu'il la satisfait sans tout à fait s'en persuader...

Clifford, dont le corps a été brisé par la guerre, vit dans une chaise roulante, en quelque sorte coupé en deux moitiés distinctes et antagonistes. Mais il a fait de son défaut d'être une supériorité et représente ainsi le point culminant de l'appauvrissement vital.

Le corps manifeste la tension entre surface et profondeurs, entre les instincts profonds, violentés, et les idées selon lesquelles on vit, idées imposées le plus souvent par le monde extérieur, par la surface, par l'air du temps.

Si bien qu'on est confronté à l'image d'hommes mécaniques, limités à leur cerveau, doté d'un esprit surdimensionné, tout de volonté et calcul, et dont le corps est oublié, le corps avec la vie instinctive et l'antique sagesse qui est en lui. La vie mentale est surdéveloppée et la vie physique quasi inexistante. Les deux pôles de la volonté et de l'instinct ne sont donc plus reliés en un tout harmonieux mais ils existent de façon autonome. Hypertrophiée, la volonté désire tout contrôler et, en conséquence, elle ne perçoit plus les signes du corps. Ainsi a-t-on fatalement abouti au silence du corps.

Alors que le corps et l'esprit sont un. L'usage de l'un sans qu'y soit associé l'autre, qu'il s'agisse de l'esprit travaillant dans l'oubli du corps ou du corps livré à lui-même, conduit à une forme de mort.

« La lubricité est haïssable parce qu'elle met en péril notre intégrité et la fierté de notre être » disait D.H. Lawrence.

Une autre idée, qui dérive de celle-là, est que cette unité concerne tout le vivant « Tant que vous *vivez* votre vie, vous faites en même temps partie de toute vie » explique Tommy Dukes à Clifford. « Après que vous avez entrepris la vie mentale, vous avez cueilli le fruit. Vous avez rompu le lien entre le fruit et l'arbre : le lien organique. Et si vous n'avez rien dans votre vie que la vie mentale, vous n'êtes plus vous-même qu'une pomme cueillie... », une pomme privée de la sève qui signifie la vie. La sève, ou le sang, dont le rythme dans le corps correspond mystérieusement à celui du cosmos. Il y a chez Lawrence cette idée centrale : la pulsation du sang dans les veines est à l'unisson de l'immense palpitation de la vie dans l'univers. Par le rythme de son sang, l'homme est relié de façon organique aux arbres et aux plantes, à l'ensemble de la nature où circule un même flux vital, comme il est relié à la communauté des hommes. L'essentiel étant d'être *relié*, de sortir des limites étroitement personnelles qui nous sont une prison.

Au fond, refuser le corps, ou ne pas tenir compte de sa sagesse, équivaut à rester extérieur au courant de vie essentiel qui anime l'univers tout entier : par là même, on se condamne à vivre sur le plan d'une séparation multiple, n'étant pas plus relié au tissu vivant du monde qu'aux profondeurs de soi-même.

Comme les plantes avec la terre, nous communiquons en effet entre nous par des milliers de faisceaux. Que leur masse devienne trop compacte, et la plante est étouffée. C'est ce qui arrive entre Clifford et Connie et telle est l'image qu'utilise Lawrence : « Il semblait que des milliers et des milliers de petites racines et de petits filaments poussés de part et d'autre du fond de leurs deux êtres se fussent si bien embrouillés en une masse compacte qu'il ne pouvait plus s'y en ajouter et que la plante mourait. »

Nous communiquons entre nous, mais aussi avec nous-même, moins peut-être « par la pointe de lucidité la plus éveillée » que par cette « sève humaine accordée en profondeur aux saisons, aux rythmes de la planète » et qui « nous irrigue et nous recharge de vitalité », sève dont Julien Gracq (dans *Préférences*) déplorait que nous ayons perdu aujourd'hui le sentiment.

Les pages de Lawrence, qu'on serait tenté, empruntant l'expression que Gracq appliquait à Tolstoï, d'inclure parmi « les grands végétatifs », nous restituent ce sens d'un rapport organique entre le corps et un cosmos qui participent de la même vie.

D'un tel dépérissement, le corps porte durement les signes.

Celui de Connie Chatterley est grisâtre et sans sève, la stérilité le marque ; le ventre est affaissé, la chair relâchée, la longue courbe des reins que prolonge la rondeur des fesses est plus mince qu'autrefois, « moins mûre, un peu aigre ». Comme une terre en jachère, il est abandonné, privé de cette sensualité qui « réchauffe le sang et rafraîchit tout l'être. ».

Quant à Clifford, ramené « plus ou moins en morceaux » au moment de la guerre, il constitue, lui, le symbole le plus abouti de la fragmentation, de la séparation. Propriétaire terrien passé à l'industrie, il représente à la fois un condensé de l'histoire de la classe dominante anglaise et un exemple de la mutation effroyable qui affecte la terre : l'espace sauvage est recouvert peu à peu par un paysage de cauchemar.

Mais il transforme en triomphe la division entre le corps et l'esprit : il est parvenu à satisfaire les deux pôles de sa personnalité sans avoir à les réconcilier. C'est une machine monstrueuse, constituée d'excroissances étranges, fonctionnant sur deux plans entièrement dissociés : celui de la vie mentale qu'il a développée à outrance, et celui de la sexualité où il s'est découvert des exutoires sans danger.

Il se livre aux mains de Mrs Bolton, la gouvernante, qui lave et éponge son grand corps blond, l'embrassant ici et là, moitié par plaisanterie, tandis que, dans un « abandon de toute sa virilité, un retour presque pervers à l'état d'enfance », il la contemple avec de « larges yeux d'enfant, tout abandonné à ce culte de Madone ».

Ainsi Clifford regroupe-t-il en lui les deux extrémités de l'intelligence déshumanisée et de la régression infantile. Dureté à l'extérieur, mollesse à l'intérieur. Efficacité d'une part et de l'autre, faiblesse. Clifford a réussi son adaptation au monde moderne. Mais il est révélateur que cette adaptation au monde se soit faite sur le mode de la séparation. Et cette séparation d'avec le corps et les pouvoirs mystérieux qui sont en lui signifie que l'homme, au lieu d'agrandir sa prison en se soumettant le monde, l'a rendue plus étroite encore en se privant du sentiment d'effusion que lui procurait le paysage.

Tantôt capitaine d'industrie tantôt enfant à la mamelle, Clifford a résolu la difficulté d'avoir à vivre avec la totalité de soi.

Ainsi rappelle-t-il les crustacés, « un de ces extraordinaires animaux, crabes ou langoustes, du monde moderne, avec des carapaces d'acier, comme des machines, et des intérieurs de pulpe molle ». Tout un bestiaire sous-marin est évoqué, qui indique la régression, et qui est également employé pour décrire la transformation de la terre rosâtre et malsaine, couverte par les déchets de la mine.

Une fois encore, une telle comparaison, en associant le corps brisé de Clifford à la terre infestée, dénonce, à travers l'interdépendance de l'idéologie et du paysage, le rapport étroit qui existe entre le culte de la technique et du progrès, la volonté de s'assujettir le monde, et l'indifférence à la vie comme totalité.

Le corps de Mellors, le garde-chasse, avec tout ce qu'il exprime, est à l'exact opposé de celui du seigneur de Wragby Hall. Je dois avouer que l'acteur incarnant le personnage de Parkin (nommé Mellors dans la troisième version du livre) dans le film récent intitulé « Lady Chatterley », m'a semblé bien mal exprimer la richesse de significations du personnage de Lawrence : lourd et muet, avec son gros ventre tressautant lors de sa course sous la pluie, il est à mille lieues de l'homme des bois qui va séduire Connie Chatterley.

Mellors, comme Lawrence, est fin, maigre même, épuisé, il a un air de souffrance, il est « un guerrier vaincu ». C'est un homme éduqué (il a appris le français, il a lu et voyagé, vécu en Inde, en Égypte, il est devenu lieutenant, puis il a dû revenir en Angleterre à cause de sa mauvaise santé. Il est donc jugé par Clifford comme « un déclassé », inadapté à la société où il n'a pas sa place). Un être foncièrement malheureux et solitaire qui espère, dans l'isolement des bois, échapper à tout ce qui, dans la société moderne, le persécute et le fait souffrir. L'amour de Connie Chatterley va le forcer, lui aussi, à revivre parmi les hommes, alors même qu'il s'en défend, car ce qu'il désire maintenant, c'est se garder des autres, de tous les autres et de la femme, et retrouver ainsi un peu de paix.

Il est tout entier contenu en lui-même : il est doté de « contours », dit Lawrence, à la différence de ces êtres dépourvus de contours comme de certitudes, et qui souvent flottent à distance d'eux-mêmes.

C'est un esprit libre et indépendant, qui se cherche et cherche le sens de la vie, qui pense par lui-même, hors de la société et de ses lois fausses, des pressions qu'elle exerce sur l'individu et de sa division en classes sociales – une division qui ne tient pas compte de l'être véritable.

Il est seul et c'est cette solitude et cette intégrité, cette intensité de vie rassemblée, que Connie perçoit dans son corps au moment où elle le voit se laver, nu dans le bois. Elle perçoit en lui, dans son corps vulnérable, *l'invisible,* qui est *la force de vie. « La flamme chaude et blanche d'une vie révélée en contours qu'on pouvait toucher.* » Et cette vie si forte et si entière va l'atteindre en plein corps, frappant d'inexistence ces êtres autour d'elle dont le corps, en quelque sorte absent, reflète l'essentielle aliénation.

L'homme est le chaman, d'une certaine façon le guide, qui a le pouvoir de ranimer la femme : Mellors va rendre Connie Chatterley à la vie qui est en elle et que son existence avec Clifford avait peu à peu détruite.

Mais d'abord, c'est par le contact avec la nature, avec le bois, qui est un refuge avant de devenir un sanctuaire (celui de leur amour), que Constance va revenir au sentiment de la vie.

Et c'est peut-être là ce à quoi j'ai été le plus sensible : ce sentiment d'une nature vivante, où l'on échappe à toutes les contraintes, où l'on sort du sentiment de ses propres limites, ainsi que de celles que nous imposent le regard ou la parole des autres, pour retrouver, au sein de l'univers végétal, un courant de vie essentiel. Une sensation de liberté, hors de tous les emprisonnements qui nous tuent. La raison en est sans doute que, moi aussi, alors que j'étais beaucoup plus jeune que Connie Chatterley, j'ai eu l'occasion de connaître, dans la solitude d'un bois que je retrouvais chaque été, cette extraordinaire sensation de libération.

Il s'agit d'une nature érotisée où la vie circule mystérieusement, de façon invisible et pourtant infiniment sensible. Ce que ressent Constance lorsqu'elle s'appuie contre le tronc d'un jeune sapin : « *Constance s'assit contre le tronc d'un jeune sapin qui palpitait contre elle d'une vie étrange, élastique, montante. Dressé vivant dans le soleil* ». Cette influence de la vie partout présente, plus forte que toutes les interdictions qui tentent de l'endiguer, de la réduire, chacun de nous a pu en faire l'expérience lors d'une simple promenade ou, peut-être, tout banalement, en cultivant son jardin.

Sans qu'elle le sache encore, en s'immergeant dans cette vie naturelle, Connie se prépare à renaître à la vie qui est en elle.

Et c'est d'ailleurs là, dans le bois, sur le sol, comme les animaux, qu'elle va enfin connaître la révélation de l'amour. Pour la première fois, elle éprouvera de façon totale et bouleversante ce mystère de l'amour.

Alors, cessent de jouer les particularités sociales et psychologiques qui habituellement déterminent l'individu et, en le déterminant, le cloisonnent et le séparent. Au cœur de « *la jungle de son être* », elle est *à l'unisson.*

« Elle était comme une forêt, comme le sombre réseau des chênes, murmurant silencieusement de leurs myriades de bourgeons verdissants... »

Le bois est devenu un sanctuaire où les deux amants vont renouer avec « la gravitation du soleil, le balancement de la terre, la course vagabonde des planètes et la magnificence immobile des étoiles. »

L'idée fondamentale étant de retrouver un contact essentiel avec le mystère de la vie, afin que le corps, afin que l'être tout entier, soit rendu à la joie qui est en lui.

Dans sa propre existence, Lawrence fut loin de connaître ce rêve d'harmonie. Il se disputait fréquemment avec Frieda, qui aimait à provoquer ses colères. Et il n'était pas rare qu'il la pourchasse autour de la table, sous les yeux horrifiés de Katherine Mansfield et de Middleton Murry, qui avaient accompagné en Cornouilles le couple des Lawrence, et qui ont par la suite raconté de telles scènes avec indignation.

Que ce rêve ne soit pas entièrement réaliste, il est évident que Lawrence le savait. Preuve en est l'absence de conclusion de *L'Amant de Lady Chatterley* : malgré la lettre admirable écrite par Mellors à son amante, on ne sait, à la fin du roman, ce que deviendront Mellors, le garde-chasse, et Connie, l'épouse du seigneur de Wragby Hall. Sans doute attend-elle un enfant de Mellors, qui représente l'espoir, mais rien ne dit qu'ils surmonteront les difficultés extraordinaires de leur situation pour parvenir à s'entendre et à vivre ensemble.

Mais un tel rêve est magnifique, je n'en connais pas qui le surpasse et, quelquefois, l'on parvient tout de même à le réaliser, serait-ce dans un temps qui n'est pas la durée d'une vie.

Christine Jordis

Christine Jordis est la grande spécialiste en France de la littérature anglo-saxonne. Après avoir été pendant douze ans la responsable de la littérature au British Council de Paris, elle dirige actuellement le domaine anglo-saxon chez Gallimard. Elle est d'abord une essayiste, spécialiste du roman anglais : *De petits enfers variés,* sur les romancières anglaises contemporaines (**Prix Femina** 1989), *Le paysage et l'amour dans le roman anglais, Jean Rhys, La Prisonnière et Gens de la Tamise et d'autres rivages* sur le roman anglais au XXe siècle (**Prix Médicis de l'essai** 1999). En 2003, son premier roman, *La Chambre blanche,* dans la grande tradition du roman d'analyse, relate une expérience amoureuse qui fait référence à Roland Barthes, Georges Bataille et Marcel Proust. L'amour y est évoqué comme une intense expérience spirituelle, esthétique et éthique. Pour *Une passion excentrique – Visites anglaises* Christine Jordis a obtenu le **Prix Valéry Larbaud** 2005. Elle a publié en 2004 *Promenade en terres bouddhistes de Birmanie,* et en 2006 une biographie de Gandhi (*Gandhi,* Folio biographies). Dernier roman : *Un lien étroit* (Le Seuil,

2008). Christine Jordis est critique littéraire au *Monde des livres*, membre du jury du prix Femina et membre du jury du Prix des Écrivains du Sud.

Robert KOPP

Et si l'on relisait Le Banquet *de Platon*

Robert Kopp

Suivre la voie véritable de l'amour, ou y être conduit par un autre, c'est partir, pour commencer, des beautés de ce monde pour aller vers cette beauté-là, s'élever toujours, comme par échelons, en passant d'un seul beau corps à deux, puis de deux à tous, puis des beaux corps aux belles actions, puis des actions aux belles sciences, jusqu'à ce que, des sciences, on en vienne enfin à cette science qui n'est autre que la science du Beau, pour connaître enfin la beauté en elle-même.

Le Banquet, discours de Diotime

Impossible de se promener en Grèce, en Crête ou en Sicile, sans mettre ses pas, qu'on le veuille ou non, dans ceux d'un dieu ou d'une déesse grecs, sans croiser un personnage d'Homère ou d'Euripide, sans rencontrer les figures sorties d'Eschyle ou de Sophocle. Ils sont là, au détour de chaque ruine, au bout de chaque oliveraie, au tournant de chaque sentier. Nul ne l'a mieux senti, mieux exprimé que Michel Déon, car il a vécu des années durant dans la familiarité de tout l'Olympe, au point de faire partie de la tribu, ou presque. Le texte qu'il vient de nous lire en est une nouvelle preuve.

Or la même impression – peut-être moins physique, mais plus intellectuelle – se dégage de la fréquentation des bibliothèques, qu'elles soient publiques ou privées, à la condition qu'elles donnent libre accès à un grand nombre de livres. Comme, par exemple, celle que Stéphane Heuet a dessinée pour inviter le public de cette année à assister aux journées des « Écrivains du Sud », organisées comme un autre *symposium* par Paule Constant, avec un sens tout antique de l'hospitalité.

En effet, à chaque coin de page, au détour de chaque vers, à travers chaque métaphore, nous risquons de croiser un souvenir mythologique. « Andromaque, je pense à vous », dit Baudelaire, le créateur de la poésie moderne, qui n'a jamais quitté le pavé parisien. Et que dire de tous les Créon qui nous entourent et qui n'ont pas encore rencontré leur Antigone. La Grèce est partout, à travers ses mythes, ses personnages. Elle a marqué à tout jamais notre façon de penser, notre manière de parler. À tel point que certains auteurs modernes, et non des moindres, sont partis en guerre contre les divinités par trop envahissantes, immortelles, voire increvables, et qui, à chaque renaissance, sortaient d'un nouveau bain de jouvence.

« Qui nous délivrera des Grecs et des Romains ? » s'est exclamé un contemporain de Victor Hugo. Mais rien n'y fit, ni les attaques des romantiques, ni l'*Histoire ancienne* de Daumier, ni les opérettes d'Offenbach. Même *Les Misérables*, qui ne doivent rien à l'Antiquité à première vue, sont, comme Elisabeth Roudinesco l'a montré, en réalité une théogonie renvoyant à la nuit des temps ou à notre inconscient, ce qui est peut-être la même chose.

En effet, peu de livres – et surtout pas les romans d'amour – échappent à cet héritage antique, héritage diffus, souvent caché, inconscient, refoulé. Et parmi les dieux grecs, celui qui a le plus obsédé les peintres, les poètes et les philosophes, c'est sans doute Éros. Son image est chatoyante, multiforme, ambiguë. Éros est à la fois le dieu le plus ancien, celui qui a présidé à la création du monde, et le plus jeune, puisqu'il est souvent représenté sous les traits d'un jeune éphèbe, voire d'un enfant.

Homère ne le mentionne pas en tant que divinité de l'amour. En revanche, Hésiode, au VIIe siècle avant J.-C., lui fait une place importante dans sa *Théogonie*. Éros y est présenté comme l'une des trois forces primitives qui préexistaient à la création de l'univers, avec Chaos (l'Abîme) et Gaïa (la Terre). Force d'attraction, Éros n'intervient qu'après les premières générations qui sont spontanées, ou comme le dit Hésiode, qui se sont produites « sans l'aide du tendre amour ». Ainsi, Gaïa (la Terre) donne, toute seule, naissance à son fils Ouranos (le Ciel). Sous l'emprise d'Éros, elle s'unit alors à ce dernier. Mais pour empêcher cette engeance monstrueuse de voir le jour, Ouranos essaie de l'enfouir dans le sein même de Gaïa, comme si le pouvoir d'Éros comportait aussi celui de se détruire lui-même. Peine perdue. Les Titans et les Titanides, les Cyclopes et les Hécatonchires finissent par naître. Or le dernier des Titans, Cronos, fut armé par sa mère d'une faucille. Il s'en servit pour couper les testicules de son père, qu'il jeta à la mer. Quant au sang versé par Ouranos, il féconda à nouveau Gaïa qui donna naissance aux Géants, aux Érinyes et aux nymphes des frênes.

Ainsi, dans la cosmogonie d'Hésiode, Éros assure à la fois la stabilité et la pérennité de l'univers. Il n'a pas de traits humains, comme la plupart des divinités grecques ; il représente une force primitive du cosmos.

Toutefois, il existe d'autres textes dans lesquels Éros est représenté comme le compagnon d'Aphrodite. Parfois même, il est donné comme son fils. Il devient alors une divinité presque subalterne.

Cette duplicité d'Éros, on la retrouve dans *Le Banquet* de Platon dont beaucoup de pages renvoient explicitement à la *Théogonie* d'Hésiode. Quant au sous-titre « De l'Amour », il fait de cette œuvre une sorte de matrice d'où sont sortis tous les textes qui vont nous occuper durant ces journées.

Mais de quoi retourne-t-il au juste ? D'une réunion d'amis convoqués à l'occasion – dirions-nous aujourd'hui – d'un prix littéraire, comme celui que nous allons décerner tout à l'heure. Agathon, pour fêter sa première victoire au concours de tragédies aux Lénéennes, fêtes du pressoir organisées en l'honneur de Dionysos, invite ses amis à un *symposium* (ou *sumpfision*), à une « beuverie », au sens littéral du terme. Ce *symposium* suit le *déipnon*, le souper, qui constituait le repas proprement dit. C'est qu'ils avaient aussi une dimension religieuse, puisque les libations étaient faites en l'honneur des dieux. Dans le cas présent, il s'agit d'un banquet privé offert par Agathon qui désire célébrer une victoire et en remercier les dieux. Ou, comme il est dit dans le texte : Agathon « offrit un sacrifice en l'honneur de sa victoire ». Les libations étaient accompagnées de discours, d'éloges, en l'honneur d'un ou plusieurs dieux. En l'occurrence en l'honneur d'Éros, le dieu le plus ancien et le plus jeune à la fois, un des plus grands, mais quelque peu négligé par les poètes. C'est du moins ainsi qu'Éryximaque motive sa proposition. L'éloge, *épainos*, est un discours, un chant, propre au *sumpfision*. Il a ses règles de composition qu'Aristote détaillera dans sa *Rhétorique*.

À tour de rôle, six convives prononcent donc un éloge du dieu Éros : Phèdre, Pausanias, Éryximaque, Aristophane, Agathon et Socrate. Après quoi, Alcibiade, quelque peu éméché, fait irruption pour prononcer l'éloge de Socrate. À lire les six interventions de plus près, on s'aperçoit vite qu'elles forment trois groupes de deux, antagonistes et complémentaires. Ainsi Agathon semble donner la réplique à Phèdre, Éryximaque à Pausanias. Tous les quatre se situent dans la tradition d'Hésiode. Aristophane et Socrate, en revanche, qui forment la troisième paire, sont plus proches de la tradition orphique.

Pour Phèdre, Éros est le dieu le plus ancien ; pour Agathon, le plus jeune. Tous les deux, ils ne connaissent qu'un seul dieu du nom d'Éros. Ce n'est pas le cas pour Pausanias et pour Éryximaque. Pour eux, Éros est lié à Aphrodite et comme il existe deux Aphrodite, il y a deux Éros. Il y a l'Aphrodite céleste, celle qui est née du sperme qui s'est échappé des bourses coupées d'Ouranos et qui s'est écoulé dans la mer. C'est l'Aphrodite d'Hésiode. Et il y a celle d'Homère, l'Aphrodite commune, fille de Zeus et de Dionè. Chacune a son temple. Mais alors que la naissance de l'Aphrodite commune suppose la conjonction d'un principe mâle et d'un principe femelle, l'Aphrodite céleste ne doit son existence qu'à un principe mâle. Aussi l'Aphrodite commune représente-t-elle l'amour hétérosexuel, un amour physique qui s'attache davantage à la réalisation de l'acte sexuel qu'à sa manière d'y procéder, alors que l'Aphrodite céleste figure l'amour homosexuel, l'amour des âmes, qui s'attache davantage à la manière de faire l'amour qu'à la réalisation effective de l'acte sexuel.

Phèdre, Agathon, Pausanias, Éryximaque renvoient fréquemment à la *Théogonie* d'Hésiode et se situent explicitement dans sa tradition. Aristophane et Socrate, en revanche, s'inscrivent davantage dans la tradition orphique.

Pour Aristophane, les premiers êtres humains ressemblaient à des globes ou à des boules, munis de quatre bras et de quatre jambes, de deux visages et de deux paires d'yeux. Il en existe de trois espèces : les hommes, les femmes, les androgynes. « Le mâle, dit Aristophane, était un rejeton du soleil, la femelle un rejeton de la terre, et le genre qui participait de l'un et de l'autre un rejeton de la lune, car la lune participe des deux. » Mais ces êtres primitifs sont vigoureux et orgueilleux, ils s'en prennent aux dieux. Aussi Zeus, après délibération avec les autres dieux, les punit-il en les coupant en deux. Il ne peut pas les détruire, comme il avait fait des géants « car c'eût été la disparition des honneurs et des offrandes » qui lui venaient, ainsi qu'aux autres dieux, des hommes. « En effet, dit-il, je vais sur-le-champ les couper chacun en deux ; en même temps qu'ils seront plus faibles, ils nous rapporteront davantage, puisque leur nombre sera plus grand. Et ils marcheront en position verticale sur deux jambes ; mais, s'ils font encore preuve d'impudence, et s'ils ne veulent pas rester tranquilles, alors, poursuivit-il, je les couperai en deux encore une fois, de sorte qu'ils déambuleront sur une seule jambe à cloche-pied. »

Quand il eut coupé ces êtres primitifs « comme on coupe les œufs avec un crin », il demanda à Apollon de leur retourner le visage du côté de la coupure. Car ayant la coupure sous les yeux, ils devinrent plus modestes. Zeus demanda aussi à Apollon de soigner la blessure ; il ramena donc « de toutes parts la peau sur ce qu'on appelle à présent le ventre, procédant comme on fait avec les bourses à cordons », formant ainsi le nombril. Il transporta également les organes sexuels à la place où nous les voyons maintenant. « Le but de Zeus était le suivant. Si, dans l'accouplement, un homme rencontrait une femme, il y aurait génération et l'espèce se perpétuerait ; en revanche, si un homme tombait sur un homme, les deux êtres trouveraient de toute façon la satiété dans leur rapport, ils se calmeraient, ils se tourneraient vers l'action et ils se préoccuperaient d'autre chose dans l'existence. »

C'est bien ce mythe de l'androgyne coupé en deux qui est à l'origine de presque toutes nos histoires d'amour : dans l'union éphémère, deux êtres retrouvent l'unité perdue. Un éclair, puis la nuit. Ce que la tradition a un peu oublié, c'est que les androgynes n'étaient pas les seuls à être coupés en deux...

Socrate, enfin, rapportant les paroles de Diotime, comme à l'accoutumée, prend le contre-pied des convives qui ont parlé avant lui. Éros n'est pas un dieu, mais un démon. Il est une sorte d'intermédiaire entre les dieux et les hommes. Fils de la Pauvreté et de l'Expédient, il tient de sa mère le manque de beau et de bien et de son père les moyens d'y parvenir tout de même, par la procréation (dans le cas de l'hétérosexualité), par la création (dans les cas de l'homosexualité).

Si j'ai rappelé à grands traits et par quelques citations choisies, les interventions de six convives du *Banquet*, j'ai voulu souligner que l'amour, Éros, peut prendre les formes les plus variées, mais que chacune de ses variantes est issue, de près ou de loin, de ce texte de Platon qui n'a cessé d'irriguer la littérature du monde entier.

Que d'androgynes, rien que dans la littérature française récente : *Mademoiselle de Maupin* de Gautier donne la réplique à la *Séraphîta* de Balzac, *Les Météores* de Michel Tournier font écho à *Arcane 17* d'André Breton. Et si j'avais le temps, je m'arrêterais un peu plus à *L'Homme sans qualité* de Musil, à la troisième partie du roman, où Ulrich rencontre Agathe, la sœur oubliée et retrouvée, et l'entraîne dans une quête éperdue de la totalité impossible à réaliser dans un monde fragmenté et épars. C'est un des plus beaux rêves d'une proximité sans mesure. Ou alors, je m'attarderais à *Porporino ou les mystères de Naples* de Dominique Fernandez, autre variante platonicienne d'un amour impossible à réaliser dans la dualité. Comme Platon, Dominique Fernandez regrette cette « félicité circulaire » dont jouissaient les êtres primitifs. Et il rend la femme, Ève, responsable d'avoir tiré Adam du bienheureux sommeil de l'indifférenciation sexuelle. Sans elle, les humains « auraient les deux sexes à la fois, aucun âge précis, aucune carrière à entreprendre ». Comment revenir à cet état de félicité primitive ? En inversant l'opération de Zeus par une autre opération : la castration. Elle est le seul moyen d'arrêter l'évolution mutilante vers un sexe déterminé et bien défini. Et Dominique Fernandez n'hésite pas de relier sa propre nostalgie aux anciennes cosmogonies : « Œuf gigantesque, où il n'y avait ni ténèbres, ni lumières, ni humide, ni sec, ni chaud, ni froid, ni gauche, ni droite. »

Une régression ? Plutôt une nouvelle boucle sur le chemin indiqué par Platon : celle qui conduit à l'opéra italien du XVIIIe siècle, à la grande époque des castrats. Diotime avait raison : Éros est le plus sûr guide pour accéder à la Beauté, et seule la contemplation de la Beauté rend la vie digne d'être vécue.

Robert Kopp

Ancien élève de l'École Normale Supérieure et assistant de Georges Blin au Collège de France, Robert Kopp a été élevé dans les cultures alémanique et romande. Professeur de littérature à l'Université de Bâle, doyen de la faculté des Lettres de Bâle, professeur invité à la Sorbonne, à l'Université de Paris X, à l'École pratique des Hautes Études, il est l'auteur de plusieurs ouvrages sur Baudelaire, Balzac, Nerval, les Goncourt, Zola, Pierre Jean Jouve. Pour la série de France 3 *Un siècle d'écrivains*, il réalise un film sur Pierre Jean Jouve. Très tôt, il se jette dans l'aventure éditoriale en participant à la naissance des Cahiers de l'Herne au côté de Dominique de Roux, puis à celle de la collection 10-18 avec Michel-Claude Jalard, avant de devenir le grand directeur de la collection Bouquins. Derniers ouvrages parus : *Baudelaire, Le soleil noir de la modernité* (Découvertes, Gallimard), 2004 ; édition critique du *Spleen de Paris* (Gallimard, collection « poésie », 2006). Robert Kopp est membre du jury du Prix des Écrivains du Sud.

Gilles LAPOUGE

La confession impudique

Gilles Lapouge

Le roman de Tanizaki, Jun'ichirô Tanizaki, a été traduit en français, une première fois, chez Gallimard, dans Folio, sous le titre *La Confession impudique*, une deuxième fois dans La Pléiade, sous le titre : *La Clef.*

La Confession impudique est un mauvais titre. Il laisse espérer des scènes « hard » comme on dit à la télévision. Ce n'est pas le cas. Il y a une crudité mais très peu excitante, parfois désagréable. C'est pourquoi je préfère le choix de La Pléiade : La clef est un titre mystérieux et un peu angoissant, et convient à ce récit.

C'est un roman que j'admire plus que je ne l'aime. Je n'aime pas l'histoire. Je n'aime pas les deux personnages. Tanizaki nous donne à lire un drame terrible et je n'aime pas les choses terribles. Mais, c'est un roman magnifique et d'une virtuosité littéraire, comme tout Tanizaki, insurpassable. On le tient pour un des grands textes de ce temps. Il nous emmène vers des abîmes.

J'avais d'abord prévu de parler du roman français que je préfère, *Le Rouge et le Noir*, avec ses deux amoureuses, Mathilde de la Mole et Madame de Rênal. Et puis, j'ai préféré me dépayser et filer de l'autre côté des femmes, au Japon, avec en plus cette question saugrenue de ma part puisque j'ignore tout de la littérature japonaise : les codes de l'amour fou, là-bas, sont-ils radicalement différents de ceux de l'Occident ?

Dans *La Clef*, les deux héros – un homme et une femme – n'ont rien de fascinant. Ils ne sont pas jeunes. Et si la femme est d'une grande beauté, l'homme est plutôt moche, soixante ans, malade, professeur d'Université, fonctionnaire, une peau grise et luisante, vaguement répugnante. En plus, ce sont deux époux. Ils ont une fille de 20 ans. Donc un ménage bourgeois, une routine. Loin du romantisme. Avec un matériel pareil, on se demande comment Tanizaki va se débrouiller pour mettre à feu ce ménage un peu plat, conventionnel, bien élevé, pour en faire des « tragiques ».

Le levier du drame, c'est justement la bourgeoisie, le convenable, la bonne éducation. Et japonaise en plus, ce qui semble pire que tout. La femme appartient à une vénérable lignée de Kyoto, féodale et bien élevée. Mutisme. Raffinement. Distinction. Dignité. Convenances. Du « non dit » à haut débit. Rien n'est avoué. Pas une allusion au sexe. Pas un éclat de peau dévoilé. Sont interdites toutes les irrégularités charnelles. Et c'est précisément cette morale féroce qui va jeter ces deux bourgeois parfaits dans les délires du sexe et peut-être d'un crime inavoué. La bonne éducation sert de moteur et de combustible à l'amour fou.

À la rigueur, un ménage pareil, ça peut tourner à peu près rond, ça ne déraille pas, dans le cas d'une femme dont les sens sont faibles, inertes ou émoussés. Ça peut faire un bonheur triste. Mais, ce n'est pas le cas ici : le corps de Madame Ikuko est insatiable. C'est un gouffre. Son vagin est un « trou noir ». Il lui faut de l'orgasme. C'est un « tonneau des Danaïdes », ce ventre. Il est sans fond. Malheureusement, deux mille ans de conventions féodales interdisent d'en parler jamais. Le mari d'Ikuko n'a jamais vu son épouse nue. Quand elle fait l'amour, c'est selon les codes, et sans fantaisie. La moindre embardée hors de la copulation la révulse.

Par exemple, le mari, le pauvre, une des choses qu'il aimerait bien, ce serait de retirer ses lunettes. Il abaisserait les paupières, et la femme lui caresserait doucement les cils. Quelle horreur ! Vieux cochon ! Ce n'est pas normal. La femme ne va pas s'avilir à faire ces caresses sordides que les codes de la bienséance féodale n'ont jamais imaginées. C'est dégoûtant. Avec Ikuko, l'amour est direct, simple, salubre, féodal, monotone. Et surtout muet. L'inconvénient c'est qu'il doit être également ininterrompu, ce qui est crevant pour le mari.

Mettez-vous à la place du pauvre homme. Comment combler le vide effrayant du ventre de sa femme ? Surtout qu'il n'a même pas le droit de se faire caresser les cils pour se mettre en jambes. Il fait ce qu'il peut car il aime le sexe mais voilà un autre contretemps : il commence à vieillir. Il se fatigue. Il est malade, cardiaque, plein de pilules. Lui qui voudrait tellement fournir des frissons à sa chère épouse, Ikuko, il est souvent inerte, et pareil à un poisson abandonné sur le sable par le reflux.

Le salut va leur être offert par leur fille. Celle-ci, Toshiko, a 20 ans. Elle est fiancée à un jeune universitaire, Kimura, qui est aussi beau que James Stewart. Ce Kimura fait sur la mère de Toshiko un effet bœuf. Il est vrai qu'un acteur américain, c'est plus érotique qu'un vieux mari japonais en voie d'extinction sexuelle.

Alors, Ikuko regarde avec insistance le fiancé de sa fille, le beau Kimura (la fille aime assez ça. Ça l'amuse. Ça l'excite. Sans doute n'est-elle pas très au clair avec ses parents).

Le mari, lui, observe que son épouse jette des regards scabreux sur Kimura. Il est furibond. Il tombe dans la jalousie et c'est l'enfer. Mais, dans cet enfer, il découvre une pépite imprévue : une excitation de bouc. Et il en profite. Il fait des tas de flèches avec ce bois-là. Il se met au boulot sexuel. Merveille : il n'a même plus besoin qu'on lui caresse les cils pour fonctionner. Ça marche au quart de tour, de tour d'écrou. Ikuko, elle aussi, est bien contente. Elle se régale. Le mari la désire sans fin, la « bourrique » sans fin. Le paradis a rouvert ses portes. Mais après quelque délai, le désir décline de nouveau. Il faut ranimer l'excitation, lui fournir du combustible et ce combustible, c'est la jalousie.

Bien. Rien de plus simple : le mari va attiser sa propre jalousie. Il attire le jeune Kimura à la maison. Il s'arrange pour le laisser seul avec sa femme. Il meurt de chagrin mais ce chagrin l'allume comme une torche. La difficulté, c'est qu'il souhaite que son épouse éveille sa jalousie mais à condition qu'elle ne franchisse pas les ultimes limites, à condition qu'elle ne couche pas avec Kimura. Il faut longer le gouffre et n'y pas tomber. Ça marche un moment. Seulement, le désir s'étiole de nouveau si on ne le fourgonne pas avec la jalousie. Alors, on est condamné à une surenchère illimitée.

Un soir, comme elle est au salon avec son mari et Kimura, la femme, qui aime bien le cognac et ne le supporte pas, en boit un peu trop. Elle va se rafraîchir dans la salle de bains mais elle s'évanouit dans sa baignoire. Le mari saute sur l'aubaine : il va extraire du bain sa femme évanouie, ce qui lui permet de voir pour la première fois ce corps sacré dans son entièreté, et non le corps découpé en tranches comme d'habitude (« J'examine son corps, dit-il, comme une carte de géographie »). Mais ce n'est pas tout. Le mari demanda à son futur gendre, Kimura, de l'aider à transporter le corps endormi, le corps mort, le corps superbe de la femme dans sa chambre. Il fait donc coup double : il voit enfin le corps interdit d'Ikuko Et en prime, il l'offre, ce corps nu, à Kimura. Ça marche du tonnerre : le mari est jaloux comme une portée de tigres. Il fait l'amour à sa femme endormie. Fête supplémentaire : l'épouse, dans son sommeil, murmure le nom du jeune homme : « Kimura... Kimura... ». Les nuits sont frénétiques.

Bien. Mais il faut gravir un nouvel échelon. Pas de repos. Nouvelle station du calvaire. Le mari se dit que ce serait épatant si son épouse savait que, durant ces syncopes, elle est convoitée non seulement par lui mais encore par Kimura, qui adore ça du reste. Malheureusement, puisqu'on ne parle jamais de sexe dans le couple, comment « filer le tuyau » à l'épouse ? Faute de pouvoir en parler simplement à sa femme, le mari se résigne à confier son secret à son « journal intime ». C'est à ce point, grâce à ce journal intime, que se déploie la virtuosité littéraire de Tanizaki.

Pourquoi ce journal intime ? Bien sûr, il n'est pas question de dire à Ikuko « Dis donc, ma vieille, lis un peu mon journal, tu vas voir ce qu'on fabrique, Kimura et moi, quand tu es nue et évanouie ! ». On ne parle pas de la sorte chez les gens chic de Kyoto. Donc, le mari se contente de décrire dans son journal intime les nuits obscènes, puis il le cache dans un coffre. Mais il ne le cache que pour le montrer (on pense à « La lettre volée » d'Edgar Poe et Jacques Lacan). Ce n'est pas compliqué : il enferme le journal intime à double tour et il laisse traîner la clef négligemment, de manière bien visible (cette clef qui donne son titre au livre).

De son côté, la femme applique la même tactique et pour des motifs semblables. Elle aussi, elle tient un journal intime, dans lequel elle parle enfin de ses désirs, car elle a bien compris qu'il lui faut exciter sans trêve la jalousie de son mari si elle veut la nuit procurer des contentements à son vagin. L'habileté de Tanizaki, c'est que ni l'un, ni l'autre, ne sait si le partenaire lit ou non ces journaux intimes, ces textes cachés et faits pour être lus, pour être violés, comme on viole un corps, comme on aperçoit le corps endormi de la femme.

Chacun, le mari et l'épouse, s'efforce de deviner si son propre journal est découvert et lu par le conjoint. Ils utilisent les signes, des rubans de scotch, mais l'incertitude perdure. Le lecteur n'en sait pas davantage. Et il y a plus vertigineux encore : nous ignorons même s'ils disent la vérité ou non, par exemple quand l'épouse fait mine dans son journal intime de ne rien savoir des cérémonies de la syncope et de la nudité offerte par le mari à Kimura. Tout cela – ces doutes, ces incertitudes, ces vérités et ces mensonges enlacés – crée une image tremblante, un effet Rasho Mon, ce film dont la même scène était racontée quatre fois différemment, sans que l'on puisse jamais déterminer celle qui dit la vérité, ni même si une vérité existe. Même chose ici. Les scènes du drame sont rapportées tour à tour par la femme, par l'homme, mais aussi par les tricheries éventuelles de la femme, par les tricheries probables de l'homme, sans que nous puissions jamais déterminer quelle fut la réalité, et même s'il y eut du réel.

Là, je m'interromps mais on pressent ce qui va suivre : le garrot de la jalousie se resserre. Les trois coups du théâtre de la cruauté sont frappés, ce dont profite Kimura qui fait peut-être l'amour à la femme du professeur (lui fait-il l'amour ? C'est possible. Mais ne comptons pas sur la femme pour nous le faire savoir). Ikuka, à sa proie de plus en plus attachée, porte au rouge la jalousie du mari, afin de combler son ventre d'ogresse, et tant pis si le corps du malheureux homme s'affaiblit inexorablement. Dans le mutisme, le couple accomplit son destin : la femme alimente la jalousie du mari et le mari gravit le chemin de croix éblouissant et funèbre de son désir. Ils savent tous les deux que la mort est au bout de leur délire, soit que la femme pousse volontairement le supplice jusqu'à son terme, soit qu'elle se borne à combler les vœux de son mari sans volonté de le tuer. Quant au mari, il n'ignore pas qu'il va mourir, que sa mort sera ignoble, pleine de cachets et de remèdes, mais radieuse, et quand bien même il voudrait l'écarter ou même la retarder, comment pourrait-il suspendre son destin ? On est un personnage tragique ou on ne l'est pas. Il faut choisir.

Je faisais allusion tout à l'heure aux romans d'amour de l'Occident. Cet érotique japonais en est-il voisin ? Je note avec soulagement que Tanizaki n'utilise pas tous ces cordages, ces ficelles, ces câbles dont je croyais que les Japonais enveloppent le corps des femmes auxquelles ils veulent faire du bien et qui m'ont toujours découragé d'entreprendre le plus petit flirt avec une dame du Soleil levant, faute de matériel. Tanizaki n'agite pas non plus ces petites culottes idiotes que les écolières nippones aiment à montrer.

En revanche, je vois quelques parentés avec certaines manières de l'Occident. La clef se coule très souplement dans un des grands modèles de nos érotiques, qu'on peut faire remonter à la matrice souveraine, Tristan et Yseut, « une belle histoire d'amour et de mort », avec passion, fatalité et mort. Le philtre d'amour préparé par la mère d'Yseut afin de lier celle-ci au roi Marc, et donné par erreur au triste Tristan étant, au Japon, remplacé par l'impuissance et la jalousie qui la guérit.

Je cite rapidement deux autres traits : d'abord, le roman par lettres qui trouve son expression dans *Les Liaisons dangereuses*, et ressurgit chez Tanizaki sous la forme de cet avatar singulier : un roman non par lettres mais par journaux intimes.

Quant au contenu, les *Liaisons* sont aussi imbues de mort que *La Clef*. Le roman de Laclos est une hécatombe : Valmont meurt, Mme de Tourvel meurt. Cécile entre au couvent et Madame de Merteuil a la petite vérole.

Je songeais à Stendhal, *Le Rouge et le Noir*. Dans *La Clef*, un des personnages (Kimura) lit tout le temps

Le Rouge et le Noir. Il ne le commente jamais. On se souvient cependant de la fin du roman de Stendhal. Julien se rend à l'église de Verrières, tire sur Madame de Rênal, ne la tue pas, mais il est condamné à mort. Stendhal dit : « Jamais cette tête n'avait été plus poétique qu'au moment où elle allait tomber ».

Un dernier souvenir : *Mademoiselle de La Ferté*, de Pierre Benoit. Deux femmes ont aimé le même homme à présent mort. Ces deux femmes se rencontrent, deviennent amies, se haïssent, établissent autour du corps mort une sorte de culte fou, deviennent amantes. Une des deux femmes, l'épouse légitime, la belle Créole Galswinthe, est comme le personnage de *La Clef*, malade, phtisique. Elle meurt. Que s'est-il passé ? Les excès des deux femmes ont-ils précipité le malheur ? Pierre Benoit n'allait pas nous le dire. Le mutisme des Landes aristocratiques de 1920 vaut celui du Kyoto du Moyen Âge. Mais, avant de mourir, la belle Créole se confesse au curé de famille. L'amie de la morte, Mademoiselle de La Ferté, demande à ce curé si la confession s'est bien passée. Pierre Benoit écrit : « Le curé lui jeta un regard épouvanté et s'enfuit dans la nuit en laissant la porte ouverte ». Je laisse moi aussi la porte ouverte.

Gilles Lapouge

Ce philosophe est d'abord un historien géographe, qui a fait carrière dans le journalisme, à l'*Oran républicain*, à l'*Alger républicain*, ou pour *O Estado de São Paulo* dont il est toujours le correspondant. Il a travaillé aussi pour *Combat, le Monde, le Figaro littéraire*. Il fait partie du comité de rédaction de *La Quinzaine Littéraire*. Il participe aux côtés de Bernard Pivot à l'émission *Ouvrez les guillemets*. À France-Culture, il produit l'émission *Agora* consacrée aux livres, et pendant trois ans une émission sur les voyages : *En étrange pays*. Ses romans puisent dans l'histoire ou la géographie pour réinventer le réel dans une féerie pleine de couleurs, d'illusions et de fantaisie, servie à la fois par une langue magnifique et une érudition sans faille. Pour *L'Incendie de Copenhague* (1995) il a reçu le **Prix Roger Caillois** et le **Prix Goncourt du récit historique**, pour *Le Bruit de la neige* (1996) le **Grand Prix de l'essai de la Société des Gens de Lettres**, pour *Besoin de mirages* (1999) le **Prix Joseph Kessel**, pour *Mission des frontières* (2002) le **Prix de l'Académie française**, pour *En étrange pays* (2003) le **Prix Maurice Genevoix**, pour l'ensemble de son œuvre le **Grand Prix de la Langue française** (2004) et le **Grand Prix de littérature de la Société des Gens de Lettres** (2007) – ce dernier à l'occasion de la sortie de son roman *Le Bois des amoureux* (2006)-, pour *L'Encre du Voyageur* (2007) le **Prix Femina de l'essai**. Il a toujours participé aux Journées annuelles du Centre des Écrivains du Sud, qu'il avait présidées en 2004. Il est membre du jury du Prix des Écrivains du Sud.

Camille LAURENS

Benjamin l'inconstant

Camille Laurens

Je vais vous parler d'un roman d'amour. Mais auparavant, je voudrais vous dire comment j'entends cette expression. D'abord, je rapporte le « d'» au « de » latin, tel que Stendhal l'emploie dans *De l'amour*: le roman dont je vais vous entretenir est un roman « au sujet de » l'amour, un roman dont le sujet est l'amour sans pour autant en être le fond. On pourrait même dire que c'est l'antiroman d'amour par excellence, loin, très loin des clairs de lune et des sérénades dont rêvait Emma Bovary, son négatif, son squelette. C'est pourquoi j'entends aussi différemment le mot « amour ». Je l'entends comme « absent », « aphone », « asymétrique » – j'entends le a de l'amour comme un préfixe privatif, l'indice d'une chose manquante, d'un défaut, d'une privation. Il s'agit là d'une fausse étymologie, bien sûr, mais c'est ainsi que nous entrons dans *Adolphe*, de Benjamin Constant, par ce petit a qui manque à l'amour. L'un des effets – anachronique – de ce titre, prénom de sinistre mémoire, est d'ailleurs de renforcer pour nous, lecteurs d'aujourd'hui, le sentiment de pénétrer davantage dans un récit de haine et de souffrance que dans une histoire d'amour.

Mais au moment où Adolphe nous parle, puisqu'il s'agit d'un roman à la 1re personne, nous sommes au début du XIXe siècle. Adolphe est un jeune homme de

22 ans qui vient de finir ses études. Il souffre d'un caractère solitaire et renfermé, d'une « indifférence sur tout » qui l'amène au bord du néant. « Tout en ne m'intéressant qu'à moi, dit-il, je m'intéressais faiblement à moi-même ». C'est dans ces dispositions psychologiques qu'il rencontre Ellénore, une femme plus âgée que lui, maîtresse du comte de P. dont elle a deux enfants :

« Tourmenté d'une émotion vague, je veux être aimé, me disais-je, et je regardais autour de moi ; je ne voyais personne qui m'inspirât de l'amour, personne qui me parût susceptible d'en prendre ; j'interrogeais mon cœur et mes goûts : je ne me sentais aucun mouvement de préférence. »

Que lit-on dans ce passage ? Assiste-t-on à la naissance de l'amour ? Est-ce le traditionnel coup de foudre qui préside à tant d'histoires ? Nullement. Le verbe « aimer » se conjugue d'emblée à la voix passive : « je veux être aimé ». Ce n'est pas une grâce amoureuse qui inaugure la rencontre, mais une volonté vague de rompre avec l'ennui et la mélancolie, d'occuper un cœur désert. « Offerte à mes regards dans un moment où mon cœur avait besoin d'amour et ma vanité de succès, Ellénore me parut une conquête digne de moi ». Ce qui manque à l'amour dans ses commencements mêmes, c'est donc l'élan, l'élection. Adolphe ne saurait dire d'Ellénore : « Parce que c'était elle, parce que c'était moi. ». Il semble plutôt qu'elle aurait pu tout aussi bien être une autre. Ce qui remplace l'amour, dès l'origine, c'est l'amour-propre, et l'on peut penser qu'*Adolphe*, sous ce rapport, est le roman que La Rochefoucauld n'a pas écrit, mais que ses *Maximes* appellent. « Cet amour-propre était en tiers entre Ellénore et moi », reconnaît le jeune homme. Phrase terrible qui dynamite les illusions de la passion fusionnelle où l'on aspire à l'unité. La vanité, le besoin de plaire, le goût de la conquête, ce que nous appellerions volontiers aujourd'hui le narcissisme, font obstacle à l'abandon amoureux. L'être est comme clivé, incapable d'adhérer à son propre sentiment. Adolphe est toujours double, laissant s'affronter « cette portion de nous qui est, pour ainsi dire, spectatrice de l'autre ». Cette schize rend problématique le don de soi, le transport amoureux, car « il n'y a point d'unité complète dans l'homme, et presque jamais personne n'est tout à fait sincère ni tout à fait de mauvaise foi ». Se pose ainsi la question du « je t'aime ». Qui est « je », qui est « tu » ? L'amour est impossible parce que les sentiments sont sans cesse en mouvement, détruits sitôt que nés, défunts sitôt qu'éprouvés. La mobilité et l'inconstance justifient ces fameuses intermittences du cœur dont parlera Proust, et Benjamin Constant, jouant ironiquement sur son patronyme, se donnera comme amère devise : *Sola inconstancia constans* – constant dans la seule inconstance.

Ce qui manque à l'amour, c'est donc aussi le temps : la durée fait défaut, le sentiment n'a aucune base sur laquelle reposer. D'un instant à l'autre, la passion se change en indifférence, puis renaît plus furieuse encore à la moindre occasion – souvenir, regard, idée fugace, avant de disparaître à nouveau.

Cela est surtout vrai dans les débuts de la relation, quand la séduction occupe le temps plus que les sentiments. Il s'agit de conquérir, non d'être conquis.

La conquête amoureuse passe par le désir d'être aimé, et par le maniement des outils de la séduction, au premier rang desquels vient le discours amoureux. La langue et sa rhétorique, y compris gestuelle (ce que Lacan nomme « le baratin ») sont indispensables au succès. Adolphe étant timide, il décide d'écrire à Ellénore plutôt que de se déclarer oralement. « Je ressentis, en finissant d'écrire, un peu de la passion que j'avais cherché à exprimer ». Serait-ce donc la langue qui fait exister la chose ? On peut le penser, et revenir là encore à La Rochefoucauld : « Il y a des gens qui n'auraient jamais été amoureux s'ils n'avaient entendu parler de l'amour ». Il y a une ivresse du discours passionné, romantique, qui se déploie de façon autonome, indépendamment de toute vérité originelle, et Benjamin Constant écrit l'amour comme personne (car s'il est, comme il se plaît à le répéter, un infirme de l'amour, il n'en est pas un analphabète, loin de là). Mais toujours l'expression amoureuse est minée par la duplicité, la versatilité, l'incertitude. Après un flot de mots d'amour, que reste-t-il dans le cœur d'Adolphe ? « Je sortis en achevant ces paroles. Mais qui m'expliquera par quelle mobilité le sentiment qui me les dictait s'éteignit avant même que j'eusse fini de les prononcer ? »

La suite appartient aux topoï du roman d'amour. Ellénore le repousse aimablement, son refus attise la vanité d'Adolphe, et son impatience donne tous les signes d'une passion vraie. Les obstacles décuplent le désir, jusqu'au dénouement attendu : « Elle se donna enfin tout entière »

Dénouement attendu, sauf que nous sommes à la page 60. Passé le moment de grâce de l'abandon érotique, c'est fini. Le roman d'amour, au sens strict, s'arrête là – celui dont Barthes a donné la définition : « Il y a un leurre du temps amoureux : ce leurre s'appelle "roman d'amour" ».

La suite, c'est-à-dire les trois quarts du roman, la suite relève d'une sorte d'autopsie du sentiment amoureux. L'amour – l'*amor* – devient la mort, du reste, Ellénore mourra de cette mort de l'amour. Les personnages se noient dans des disputes, tergiversations, reproches et larmes, se perdent en convulsions, la désaffection de l'homme allant de pair avec la destruction mortelle de la femme. Les mots ne servent plus qu'à faire illusion quand le besoin de croire est trop fort : Ellénore se berce des mensonges que lui distille encore parfois son amant, trop lâche devant sa douleur : quand il l'assure à tort de son attachement, « elle s'enivrait de son amour, qu'elle prenait pour le nôtre », écrit-il cruellement. Le roman marque nettement la séparation, l'abîme qui se creuse entre le masculin et le féminin. La différence sexuelle quant à la vision de l'amour est certes datée, et plus dépendante qu'aujourd'hui des origines sociales et des tabous, mais elle reste très moderne : « Les hommes, plus forts, plus distraits du sentiment par des occupations impérieuses, et destinés à servir de centre à ce qui les entoure, n'ont pas au même degré que les femmes la noble et dangereuse faculté de vivre dans un autre et pour un autre ». Cela peut paraître un peu dépassé, mais cette idée traverse toute la littérature et la philosophie jusqu'à Freud : le besoin d'amour est comme central chez les femmes, alors que les hommes s'angoissent plutôt du côté du désir, de la conquête, du champ d'extension de leur puissance, de leur liberté. La mobilité masculine facilite un certain détachement, tandis que la passivité féminine exacerbe l'attachement, la souffrance, les femmes « n'ayant de vie réelle que dans le cœur ». Donc, quand cette vie vient à manquer, quand l'amour disparaît, la mort s'impose. C'est pourquoi de nombreux personnages féminins – Mme Bovary, Mme de Tourvel, Mme de Rênal, Anna Karénine et tant d'autres – meurent dans les romans : si l'amour, c'est « vivre dans un autre et pour un autre », quand cet autre s'en va, la vie n'a plus de sens. Adolphe insiste sur la dimension oblative et aveugle de l'amour féminin : là où Adolphe souffre d'une incapacité à aimer vraiment, Ellénore meurt d'une passion incontrôlable, de cette confusion entre soi et l'autre qui signe le délire fusionnel. Objet soumis à l'amour plus que sujet librement amoureux, Ellénore, trop passive, finit tragiquement, sous forme impersonnelle : « Elle voulut pleurer, il n'y avait plus de larmes. Elle voulut parler, il n'y avait plus de voix. »

Adolphe est un roman d'amour si on le lit avec les yeux et le cœur d'Ellénore. Du côté du narrateur, c'est un roman terriblement lucide sur la difficulté ou l'impossibilité d'aimer. Le leurre amoureux se déploie de part et d'autre, puisque l'idéal ne s'incarne dans aucun être réel (« Aucun amour ne peut tenir lieu de l'Amour », dit magnifiquement Marguerite Duras). Chacun reste un étranger pour l'autre, avec ses désirs déçus et ses gouffres d'ombre. Ce qu'exprime Benjamin Constant, comme il l'a fait toute sa vie dans son journal intime, c'est le pessimisme radical d'un être humain enfermé en lui-même. Tout roman d'amour est un roman de solitude. La leçon très actuelle de ce beau livre nous reste douloureusement en mémoire : les défauts de l'amour nous font certes souffrir, mais ce dont nous mourons, aujourd'hui comme hier, c'est du défaut d'amour.

Camille Laurens

Agrégée de lettres modernes, elle a enseigné en Normandie puis au Maroc, où elle a passé douze ans. Elle vit maintenant dans le Sud de la France. C'est en 1991 qu'elle publie son premier roman, *Index*, premier volet d'une tétralogie dont les suivants paraîtront en 1992, 1994, 1998 (*Romance, Les Travaux d'Hercule, L'Avenir*). En 1995, le grand public la découvre avec *Philippe*, récit autobiographique où elle raconte la naissance et la mort de son bébé. En 1999, elle consacre un premier essai à l'amour des mots : *Quelques-uns*. Puis elle reçoit en 2000 le **prix Femina** et **le prix Renaudot des lycéens** pour *Dans ces bras-là*. En 2003, elle écrit une autofiction, *L'Amour, roman* (D'où vient l'amour en nous ? Comment se construit cette forme particulière et unique, si différente chez chacun d'entre nous que souvent nous ne la comprenons pas chez l'autre : l'amour ?) et un recueil d'articles *Le Grain des mots. Ni toi ni moi*, paru en 2006, est une histoire d'amour-désamour, où la narratrice tente de cerner l'inconstance du sentiment amoureux. Ces livres de Camille Laurens ont été édités par P.O.L. et Folio Gallimard. Camille Laurens a présidé le jury du Prix du Livre Inter 2007. Elle est membre du jury du Prix Femina.

Pierre LEPAPE

L'arc-en-ciel amoureux

Pierre Lepape

Flaubert et Madame Bovary nous ont prévenus : il peut y avoir une lecture mortelle des romans, et notamment des romans d'amour. Il suffit pour cela de confondre la littérature et la vie. C'est du moins ce que suggère une lecture hâtive du roman de Flaubert. Emma Bovary se serait « détraquée » en prenant les belles histoires amoureuses de ses lectures pour la réalité.

En fait, Emma n'est pas du tout folle : elle ne confond pas ses lectures et la réalité. Son malheur vient d'ailleurs ; il vient du désir : Emma cherche à jouer sur les deux tableaux de l'amour ; elle veut cumuler : posséder à la fois les biens et les jouissances matériels et la jouissance esthétique et spirituelle qu'apportent la littérature et les grands idéaux. Elle demande aux plaisirs de la littérature de se transformer en plaisirs concrets. Elle désire transformer les émotions livresques de la sentimentalité en plaisir physique. Emma ne confond pas les livres et le réel, elle essaie de négocier des parts de sentiments contre des parts de réalité. Et elle perd, évidemment.

Lire des romans d'amour, c'est se placer sur un terrain où la littérature est, moins encore qu'ailleurs, négociable. Elle ne s'échange contre rien de concret, contre aucun savoir, contre aucun savoir-faire, contre aucun pouvoir, contre aucun autre plaisir que celui de la lecture. Mais les romans d'amour ne rempliraient pas leur rôle s'ils ne donnaient pas, un instant, l'illusion du contraire.

Le roman d'amour dont je vais vous parler a pour titre *Lettres à Sophie Volland*. Il a paru pour la première fois, dans sa version intégrale, en 1930, c'est-à-dire un siècle et demi après la mort de son auteur, Denis Diderot. Cette édition tardive n'est pas très surprenante, s'agissant de Diderot. On sait que le manuscrit de son chef-d'œuvre*, le Neveu de Rameau* fut découvert par hasard chez un bouquiniste des quais de Paris en 1891. Jusqu'à ce moment, on ne connaissait de la totalité de ce roman qu'à travers la version française d'une traduction allemande réalisée par Goethe en 1805, à partir d'une copie volée à Saint-Pétersbourg. L'histoire des romans de Diderot est en elle-même un roman.

Jusqu'à la découverte de 1930, à la place du roman, il n'existait que des lettres éparses et des bribes de biographie, pieusement assemblées par des spécialistes de l'histoire littéraire. Des fragments de vie réelle et de récits hypothétiques, mis à jour par des détectives en archives. Pas grand-chose à vrai dire.

Dans la vie réelle, donc, Denis Diderot, écrivain, hardi philosophe et directeur de *l'Encyclopédie* a rencontré en 1756 Louise-Henriette Volland, et ils sont devenus amants. Ils n'étaient plus très jeunes, au regard des critères de l'époque. Mlle Volland a quarante ans lorsqu'elle fait la connaissance de Diderot qui en a trois de plus. Cependant, comme Louise-Henriette est célibataire (sans qu'on sache pourquoi), elle vit sous la tutelle de sa mère, laquelle veille jalousement à la réputation de sa fille, à défaut de sa vertu.

Et comme, de son côté, Denis est marié et père d'une fille, Angélique, qu'il adore, leurs amours demeurent clandestines. Mlle Volland ne fréquentera jamais le milieu des philosophes dont son amant est l'animateur enthousiaste ; personne ne parle d'elle ; elle ne fréquente que des bourgeois anonymes. De son côté, Diderot préservera, pour l'essentiel, cette image de père de famille vertueux indispensable à la propagande philosophique, laquelle doit faire la preuve de ses capacités à conserver la morale sociale, aussi bien sinon mieux que sa rivale, la religion.

Cette liaison amoureuse dura néanmoins aussi longtemps que leur vie, presque trente années... Louise-Henriette Volland mourut, toujours célibataire, le 22 février 1784 et Denis Diderot, comme il l'avait prévu et souhaité, ne lui survécut qu'une poignée de jours. Dans son testament – le seul témoignage que l'on ait de son écriture –, Mlle Volland lègue à son ami « sept petits volumes des *Essais* de Montaigne, reliés en maroquin rouge, plus une bague que j'appelle ma pauline. » On sait aussi que Diderot possédait deux petits portraits d'elle, mais personne à ce jour n'en a retrouvé la trace. Nous ne saurons sans doute jamais à quoi ressemblait Mlle Volland.

Nous n'en saurons guère plus sur la mère de Louise-Henriette, la veuve Volland, une bourgeoise à l'aise qui possède une belle propriété à la campagne, à Isle, près de Vitry-le-François ; ni sur ses deux sœurs, mariées, plutôt mal, Mme Legendre et Mme de Blacy. Ces bourgeoises n'ont pas d'histoire, ou si peu. Elles ne laissent pas de trace, sauf dans les archives des notaires.

C'est là où le roman s'installe : dans les vastes espaces de notre ignorance documentaire. Devenue Sophie sous la plume de Diderot, Louise-Henriette Volland n'aura jamais d'autre apparence physique, d'autre existence sensuelle, intellectuelle ou morale que ce que nous en dira son auteur. Lequel se limite à ce qu'il lui en dit : non pas un portrait d'elle – elle n'en a pas besoin –, mais une expression de son regard sur elle : « *Il y a quatre ans que vous me parûtes belle ; aujourd'hui je vous trouve plus belle encore. C'est la magie de la constance, la plus difficile et la plus rare de nos vertus.* » Elle était sa maîtresse, elle se transforme en personnage.

Prenons un autre exemple de transformation, romanesque, celui de la correspondance entre Diderot et son amoureuse. Les historiens ont établi que les deux amants s'étaient adressé au moins 553 lettres. (Ils les numérotaient) Voilà pour le réel. Ce que nous lisons aujourd'hui, l'œuvre que l'on connaît sous le nom de *Lettres à Sophie Volland* est composée de 189 lettres, toutes de la main de Diderot. Celles de Sophie ont disparu, mais aussi les 134 premières qu'ils avaient écrites durant les quatre premières années de leur liaison et qu'on peut supposer les plus brûlantes. Le livre commence, le matin du 10 mai 1759, de la manière la plus abrupte, par un récit : « *Nous partîmes hier à huit heures pour Marly. Nous y arrivâmes à dix heures et demie.* »

Et tout s'interrompt, dans notre roman, le 3 septembre 1774, dix ans avant leur mort, par une lettre adressée depuis La Haye, en Hollande, où le vieux philosophe, rentré exténué de son périple en

Russie, s'étonne de la jeunesse de son cœur : « *J'ai encore peut-être une dizaine d'années au fond de mon sac. J'avais pensé que les fibres du cœur se racornissaient avec l'âge ; il n'en est rien ; je ne sais si ma sensibilité ne s'est pas augmentée. Tout me touche, tout m'affecte ; je serai le plus insigne pleurnichard de vieillard que vous ayez jamais connu.* » Diderot a soixante et un ans ; notre roman s'achève sur un salut ironique à l'avenir.

Voilà comment les hasards de l'histoire, les pudeurs et les censures des héritiers, les aléas des séparations, enfin – on ne s'écrit pas, ou peu, lorsque l'on n'est plus séparé – transforment un document en roman. Mais il y faut aussi la volonté de l'auteur. Au point qu'on a pu parfois prétendre que tout était une invention de Diderot, que Sophie Volland n'était pas plus réelle que la Béatrice de Dante ou que la Cassandre de Ronsard. On se souvenait même que la *Religieuse*, avant de s'avouer pour un roman, avait été une supercherie de Diderot qui cherchait à troubler un ami en lui envoyant des lettres censées s'être échappées du fond d'un couvent.

Cette fois, il n'en est rien. Diderot n'a pas inventé son roman ; il a laissé le destin le faire à sa place et le livre mûrir comme un fruit, au gré des saisons. Louise Henriette a vraiment vécu, mais Sophie est comme un personnage de roman : on se sait d'elle que ce que le personnage-narrateur nommé Denis veut nous en dire ; c'est-à-dire ce que le désir et l'attente façonnent. Elle est celle qui manque, celle qui n'est pas là, mais celle aussi à qui Denis sera présent par le jeu de l'écriture. Diderot n'écrit pas pour tromper son attente, mais pour lui donner tout son poids de réalité : « Pour moi, *lui écrit-il*, dans l'éloignement où je suis de vous, je ne sache rien qui vous rapproche de moi, comme de vous dire tout et de vous rendre présente à mes actions par mon récit. »

Dans le roman, les deux amants sont sans cesse séparés, pour leur peine, pour notre bonheur et pour le plaisir de l'écriture. Il n'y a pas de roman d'amour sans obstacle à l'amour. Et les pages dans lesquelles Denis évoque les moments où ils ont été ensemble, et heureux, sont très rares. On ne revient guère sur le passé. Quand il est évoqué, le souvenir est encore une expression du manque. La poésie amoureuse de Diderot, c'est assez rare pour être signalé, se conjugue au présent et au futur.

L'écriture et l'attente se confondent dans la même expression du désir. Toutes les lettres à Sophie sont animées, pulsées par l'expression du désir. Cela pourrait être lassant et artificiel, surtout pendant vingt ans ; par bonheur le désir chez Diderot peut s'investir dans les domaines les plus divers de l'intelligence et de la sensibilité. Le désir est inséparable du désir de désirer. D'où le frémissement qui anime les plus anecdotiques ou les plus philosophiques de ces pages. Cherchant sans cesse à séduire Sophie, Denis lui offre le spectacle d'un corps et d'un esprit éternellement séduits.

Sophie est sans doute un être désirable, mais son absence et le manque lancinant qu'elle provoque en font la figure autour de laquelle se cristallisent tous les désirs et le désir de tout. À commencer par le désir qu'éprouve Denis à se connaître lui-même.

Est-il bon ; est-il méchant ? Est-il Jacques le fataliste ou est-il plutôt son maître ? L'être qui pense raisonnablement le jour est-il le même que celui qui, la nuit, rêve des folies ? On sait que Diderot tente inlassablement de connaître sa vérité. Cette recherche de soi passe souvent par la fiction du dialogue. Les lettres à Sophie Volland sont un dialogue à une seule voix.

Est-ce à dire que Sophie n'est qu'un prétexte, un fantôme philosophique, un faire-valoir métaphysique, à la manière des personnages qui s'opposent à Socrate dans les dialogues de Platon ? Pas du tout.

D'abord, c'est une femme – et une femme aimée. Diderot ne se soucie pas d'avoir tort ou raison contre elle ; il ne cherche pas à la convaincre, seulement à exister devant elle, à prendre corps. Il va la faire juge de tout. Il va tout lui dire : l'avouable et l'inavouable, le banal et le saugrenu, le sentiment du moment et le sentiment contraire du moment qui suit, le rationnel, le sensible et l'imaginaire. Dans la plus complète sincérité

Si elle peut tout entendre, c'est que Sophie est une femme qui ne ressemble à aucune autre ; on le sait d'entrée, lorsque Denis lui raconte sa soirée à la campagne chez le baron d'Holbach :

« Nous dînâmes tous d'appétit. Notre Baron fut d'une folie sans égale. Il a de l'originalité dans le ton et dans les idées. Imaginez un satyre gai, piquant, indécent et nerveux, au milieu d'un groupe de figures chastes, molles et délicates. Tel il était entre nous. Il n'aurait ni offensé ni embarrassé ma Sophie, parce que ma Sophie est homme et femme quand il lui plaît. »

Homme et femme, qu'est-ce à dire ? Simplement qu'elle est assez « philosophe » pour ne pas se choquer du langage plutôt leste du baron d'Holbach ? Une lettre de Melchior Grimm, publiée en 1763 sous le titre de *Lettre à Sophie ou reproches adressés à une femme philosophe* donne de notre héroïne une image de virilité intellectuelle :

« D'où vous vient, Sophie, cette passion de la philosophie, inconnue aux personnes de votre sexe et de votre âge ! Comment, au milieu d'une jeunesse avide de plaisirs, lorsque vos compagnes ne s'occupent que du soin de plaire, pouvez-vous ignorer ou négliger vos avantages pour vous livrer à la méditation et à l'étude ! S'il est vrai que la nature, en vous formant, s'est plu à loger l'âme de l'aigle dans une maison de gaze, songez au moins que le premier de vos devoirs est de conserver ce singulier ouvrage. »

Mais Denis va beaucoup plus loin que ces considérations admirativement misogynes. Sophie peut être un homme, comme Denis peut être une femme. Ils forment à eux deux une société où leurs rôles sont interchangeables. Par-delà les caractères que la société attribue à chacun des deux sexes.

On le comprend dès la seconde lettre dans laquelle Denis qui vient de recevoir le texte de son ancien ami Jean-Jacques Rousseau contre les spectacles, avoue à Sophie qu'il ne l'a pas encore lu : *« Je ne me sens pas encore l'âme assez tranquille pour en juger sans partialité. Il vaut mieux différer une action que de hâter de commettre une injustice. »* Pourtant, il se méfie : se peut-il qu'un homme qui agit mal pense juste et bien ? *« Le dérangement de la tête influe sur le cœur et le dérangement du cœur sur la tête. »* Surviennent alors dans la réflexion, ces considérations sur les vertus morales du véritable amour : « *Faisons en sorte, mon amie, que votre vie soit sans mensonge. Plus je vous estimerai, plus vous me serez chère. Plus je vous montrerai de vertus, plus vous m'aimerez. Combien je redouterais le vice quand je n'aurais pour juge que ma Sophie !* »

Et il continue, dans une exaltation grandissante, mêlant le « je » au « vous » : « N'est-il pas vrai que vous m'aimeriez mieux mort que méchant ? Aimez-moi donc toujours, afin que je craigne toujours le vice. Continuez de me soutenir dans le chemin de la bonté. Qu'il est doux d'ouvrir ses bras, quand c'est pour y recevoir et y serrer un homme de bien ! c'est cette idée qui consacre les caresses ; qu'est-ce que les caresses de deux amants lorsqu'elles ne peuvent pas être l'expression du cas infini qu'ils font d'eux-mêmes ? Qu'il y a de petitesse et de misère dans les caresses des amants ordinaires ! qu'il y a de charme, d'élévation et d'énergie dans nos embrassements ! Venez, ma Sophie, venez ; je sens mon cœur échauffé. Cet attendrissement qui vous embellit va paraître sur ce visage. Il y est. Ah ! que n'êtes-vous à côté de moi pour en jouir ! Si vous me voyiez en ce moment, comme vous seriez heureuse ! »

C'est la réponse de Diderot à Rousseau : l'homme seul ne vaut rien. Il faut être deux pour être bons – et deux qui se regardent et qui s'aiment. Le chemin vers la bonté passe par le regard de l'autre ; par le théâtre. Mais il faut avouer que l'amour entraîne de bien étranges transformations. Au cours de cette lettre, Denis a comme aboli les distances – toutes les distances – qui le séparent de l'Autre. Il est devenu le regard amoureux et ému de Sophie sur lui-même en même temps que le regard amoureux et ému de Denis sur Sophie amoureuse. C'est la spirale enchantée du sublime. Elle repose sur la capacité de Denis – et sur celle de Sophie, son alter ego – à aller jusqu'au bout de l'altérité, à cette limite amoureuse où la différence des sexes se dissout.

Cette disposition de la sensibilité et de l'imagination ne va pas sans risque. Ni, ce qui revient au même, sans production romanesque. C'est ainsi que Denis estimerait son amour bien pauvre et bien petit, si l'attente et le désir n'engendraient pas la jalousie, cette maladie de l'imagination. Laquelle jalousie doit, évidemment, être surmontée et vaincue, dans la logique de la catharsis amoureuse.

Denis sera donc jaloux. Non pas d'un autre homme, ce serait vulgaire et indigne, mais d'une autre forme de l'amour, celle que deux sœurs se portent.

La rivalité s'installe dès la lettre II : « *Sophie, prenez garde, ne la regardez pas plus tendrement que moi. Ne la baisez pas plus souvent. Si cela vous arrive, je le saurai.* » Puis, les soupçons se font plus précis, les images plus fortes, plus paisibles aussi parfois : « *Adieu, mon amie. J'approche mes lèvres des vôtres ; je les baise ; dussé-je y trouver la trace des baisers de votre sœur ; mais non, il n'y a rien. Les siens sont si légers, si superficiels.* »

Qu'on ne s'y trompe surtout pas. Il n'y a pas ici la moindre trace de libertinage. À moins de prendre le libertinage de Diderot pour ce qu'il est : la volonté de penser la complexité sans s'imposer la moindre limite. L'amour de Sophie pour sa sœur et l'involontaire jalousie qu'il en retire lui permettent d'explorer ce continent de l'amour, si différent et tellement plus immense que celui qu'en donnait un siècle auparavant la Carte du Tendre ; et tellement plus troublant.

C'est ainsi que les relations de Sophie avec Mme Legendre, sa sœur, sont inséparables de ce que dit Diderot de ses relations avec sa propre sœur, retrouvée après des années d'absence, lors de l'enterrement de leur père à Langres. De « Seurette », voilà ce qu'il écrit à Sophie : *« Je suis le seul homme qu'elle ait aimé ; aussi m'aime-t-elle beaucoup. Je l'aime beaucoup, et je crois qu'en vérité, vous ne m'aimez pas plus qu'elle. »*

D'ailleurs, Denis, après avoir lutté et tempêté contre cette sœur qui cherche à le perdre aux yeux de Sophie, va changer de tactique. Il va admettre Mme Legendre dans le « petit château ». Le petit château, c'est le lieu imaginaire qu'il a inventé pour y abriter ses amours avec Sophie. Un lieu, explique-t-il, dont la porte est toute petite, afin d'en protéger l'entrée et l'intimité ; mais dont les fenêtres sont nombreuses et immenses, afin que les amants puissent jouir de toute la beauté du monde. L'entrée de Mme Legendre – qui deviendra bientôt Uranie – dans la représentation amoureuse de Denis se passe précisément au moment où Diderot, à Langres, prend conscience de l'amour de sa sœur. Il écrit à Sophie : *« Ces lèvres se poseront encore sur celles que j'aime. ; en attendant, je ne permets votre bouche qu'à votre sœur. Je ne souffre point ; je dirais presque que j'aime à lui succéder. Il me semble alors que je presse son âme entre la vôtre et la mienne. C'est un flocon de neige qui se résoudra peut-être entre deux charbons ardents. »*

Mais le flocon ne fond pas. Sophie aime Uranie qui aime Sophie et il faut bien que Denis aime Uranie aussi s'il veut être l'alter ego de Sophie. Longtemps, donc, il enverra ses lettres aux deux sœurs, les traitant parfois avec une amoureuse égalité. Ainsi cette lettre du 19 août 1762 : « *Je vous félicite toutes les deux, chères sœurs, de vous posséder. Je serai souvent en esprit entre l'une et l'autre, mêlant vos mains entre les miennes, ne sachant laquelle des deux j'aime le plus, autant ami de l'aînée que de la cadette. (...) Vous ravir à tout l'univers, vous transporter dans quelques recoins du monde où je puisse vous voir, vous entendre, vous aimer, vous adorer, vous avoir tout entières, être tout entier à vous, voilà la vision qui ne me quitte point.* »

Cette bienfaisance de l'imagination n'empêchait pas Denis de juger avec lucidité de Mme Legendre et de sa coquetterie. Et lorsqu'elle mourra subitement en 1768, il ne sera plus guère question d'elle dans les lettres à Sophie. Dans la partition amoureuse, elle a joué son thème fait d'harmonie et de dissonances.

Sur le registre de l'enthousiasme et de la fusion, en voici un autre. Il se nomme Grimm, Frédéric Melchior, il est journaliste et agent politique au service de quelques cours allemandes. Ce que nous savons de lui n'inspire guère la sympathie. Mais Denis, lui, ne sait rien, ou ne veut rien savoir. Il aime Grimm, peut-être parce qu'il est à une autre extrémité de lui-même, aux antipodes. Grimm est son ami. Mais quelle différence y a-t-il entre l'enthousiasme amoureux et l'enthousiasme amical ?

Voici un extrait du récit que Denis fait à Sophie de ses retrouvailles avec Grimm. La scène se passe au Grandval, chez le baron d'Holbach, en octobre 1759.

« Quel plaisir j'ai eu à la revoir et à le recouvrer ! Avec quelle chaleur nous nous sommes serrés ! Mon cœur nageait. Je ne pouvais lui parler, ni lui non plus. Nous nous baisions sans mot dire et je pleurais. (...) Il dîna mal, je crois. Pour moi, je ne pus desserrer les dents, ni pour manger, ni pour parler. Je lui serrais la main et je le regardais. Jugez combien je vais être heureux tout à l'heure que je vous reverrai ! (...) Je sais seulement que ce fut un spectacle bien doux pour les autres ; car ils me l'ont dit. (...) On en a usé avec nous comme avec un amant et une maîtresse pour qui on aurait des égards ; on nous a laissés seuls dans le salon on s'est retiré, le Baron même... »

Parmi les doux noms dont Denis affuble Grimm : *« mon idole », « l'homme de mon cœur », « le saint prophète »*, on retiendra celui-ci : *« mon hermaphrodite »*. Comme nous n'avons par ailleurs aucun doute sur le goût exclusif de Diderot pour les femmes – il ne veut ni ne peut même pas croire à la pédérastie de Socrate –, il est plus facile de voir dans le récit de ces effusions un effet du caractère expansif de Denis, joint à son goût du théâtral. Le spectacle de l'amitié doit émouvoir ceux qui y assistent afin de leur attendrir le cœur. Mais lorsqu'il écrit cette lettre à Sophie, c'est toujours de son amour pour elle dont il est question, un amour dont l'amitié pour Grimm vient encore enrichir le chant

L'amitié entre Denis et Grimm ne résistera pas au temps. Denis l'avait pressenti. En 1762, il écrit à Sophie : *« L'amour, l'amitié, la religion sont à la tête des plus violents enthousiasmes de la vie. C'est dire la fragilité de l'amitié, car si l'amour meurt, si les croyants deviennent athées, l'amitié pourrait bien mourir aussi. Dans l'attente de ce malheur, gardons la foi, quoi qu'il arrive et aussi longtemps que nous pourrons.* » Grimm se comporte avec lui en patron de plus en plus tyrannique. Il lui faut de la copie, toujours plus de copie pour enrichir sa *Correspondance littéraire*, ce journal manuscrit auquel sont abonnées les plus belles têtes couronnées de l'Europe. Et Denis s'y exténue, supportant de plus en plus mal les corvées que lui impose Grimm, au nom de l'amitié. Et pendant que Diderot passe ses nuits à la rédaction de ses Salons, Grimm va faire sa cour aux princes allemands. Denis ose se plaindre : « *Galopez, mon ami ; courez le monde ; hantez les palais et les chaumières. Pour moi, je suis fait pour tomber dans les trous qui se présentent, et pour arriver au dernier, la tête couverte de bosses.* »

Mais leur vraie rupture sera politique. En 1781, Diderot travaille à la rédaction de l'*Histoire des deux Indes*, réécrivant, dans une optique très radicale, l'ouvrage anticolonialiste de l'abbé Raynal. Diderot ne se contente pas de fustiger la traite des Noirs, il met en cause tout le système politique européen dont la richesse repose sur l'esclavage. Grimm, l'ami des cours, ne le supporte pas : « *Ou vous pensez que ceux que vous attaquez ne pourront se venger de vous, et c'est une lâcheté de les attaquer ; ou vous pensez qu'ils voudront et pourront se venger, et c'est une folie que de s'exposer à leur ressentiment.* » La réponse de Denis est vive : « *Mon ami, je ne vous reconnais plus. Vous êtes devenu, sans vous en douter peut-être, un des plus cachés, mais un des plus assurés antiphilosophes. Vous* vivez avec nous, mais vous nous haïssez. »

Cette lettre, pourtant, il ne l'enverra pas. Il en donne la raison – ou le prétexte – dans un post-scriptum, ajouté deux mois plus tard : « *Cette lettre que je viens de vous écrire à la hâte, vous l'enverrai-je ? Oui. Mais quand ? Quand je vous estimerai assez pour croire que vous la lirez sans humeur.* » Ce temps ne viendra pas. Diderot ne voulait pas ajouter une rupture publique à un déchirement intime.

Cette lettre écrite et jamais envoyée mesure un écart : celui qui se creuse, comme malgré lui, entre Diderot, le personnage public, la vedette du parti philosophique, le chef de file de l'Encyclopédie dont les combats, les attitudes et jugements intéressent toute l'Europe des Lumières, et Denis, tel qu'il se sent, tel qu'il s'éprouve, tel qu'il s'imagine et se crée, dans la vérité de son existence. Ce Denis des *Lettres à Sophie*, tel qu'en lui-même par la grâce de la clandestinité amoureuse. Il l'écrit à Sophie :

« *Grimm m'a dit plusieurs fois que j'avais été fait pour un autre monde. Je ne sais si cela est vrai ; mais ce qui est certain, c'est qu'il y a bientôt cinquante ans que je suis étranger dans celui-ci, que je vis d'une vie imitative qui n'est pas la mienne, que je me plie sans cesse à l'allure des autres, et que je suis comme un chien qu'on apprend à marcher sur deux pattes. De là une démarche, tantôt originale et tantôt gauche. Ce qui s'échappe de moi ne vaut jamais ce qui s'y passe. Je ne parle bien qu'avec moi, ou avec les autres quand je n'y pense pas. Plus j'écris vite, mieux j'écris. (...) Les grandes actions et les belles choses m'affectent de la manière la plus violente et la plus durable. Si je n'y prends pas garde, je suis tout prêt à me les approprier. Ce que j'ai une fois admiré, je l'admire toujours. Je fais peu de cas de ce qui ne saurait répondre à mon cœur.* »

C'est pourquoi, dans notre roman, Denis demeurera toujours fidèle à Sophie. Bien sûr, il y a entre eux des moments difficiles, des silences, des allusions gênées à des incidents qu'ils n'ont pas besoin de décrire pour que nous sentions qu'ils ont mis entre eux de la fâcherie ou de la froideur. Il y a des reproches, des « tu ne m'aimes plus » et des « tu m'aimes mal ». Les dates des lettres nous indiquent de longues plages de silence, des mois, des saisons entières, sans que le lecteur puisse toujours démêler si les amants ne s'écrivent plus parce qu'ils jouissent d'eux-mêmes ou parce qu'ils n'éprouvent plus le besoin d'abolir la distance qui les sépare. On remarque aussi, au fil des années, que la sensualité de Denis se fait moins pressante, moins expressive. La preuve, s'il en fallait une, qu'elle devait peu à la rhétorique amoureuse. La rhétorique, chez lui, n'est pas un art d'enjoliver les sentiments afin de leur donner une forme littéraire séduisante. C'est au contraire la démonstration d'une certaine impuissance de l'écriture – et des règles de l'éloquence – à dire immédiatement la violence, la profondeur et la ruée désordonnée des sentiments. L'écriture ne se déploie que dans la conscience de son échec. Elle rêve de devenir musique et rythme. Les mots ne sont pas de trop : ils ne sont jamais assez, et exigent d'être trop bien rangés. « Ce qui s'échappe de moi ne vaut jamais ce qui s'y passe. » Cet intarissable bavard qu'est Diderot, cet étourdissant jongleur de mots, d'idées et d'images, vit dans la nostalgie d'une langue muette qui ne viendrait pas altérer la transparence éloquente des corps.

Avec les années, avec la fatigue énorme de *l'Encyclopédie*, cet enthousiasme ne va pas disparaître, mais il va changer de forme. Et le roman d'amour avec Sophie va, lui aussi, changer de couleurs. La mort va y jouer sa partition.

Diderot, on le sait bien, est un philosophe matérialiste. Il n'y a pour lui qu'une seule éternité, celle de la matière animée qui toujours fut et toujours sera. Le moraliste professe que l'on n'a qu'une vie, que nous la devons au bonheur, lequel est inséparable du bonheur des autres. Denis, l'amant de Sophie, ne pense pas autrement, mais il tire de cette mort annoncée tout un éventail de promesses qui sonnent comme des certitudes : « *Ils me disaient : Tu vieilliras, et je répondais en moi-même : ses ans passeront avec les miens. – Vous mourrez tous deux ; et j'ajoutais : Si mon amie meurt avant moi, je la pleurerai, et je serai heureux, la pleurant. Elle fait mon bonheur aujourd'hui, demain elle fera mon bonheur ; et après-demain, et après-demain encore, et toujours parce qu'elle ne changera pas.* »

L'amour de Denis pour Angélique, sa fille, est aussi une promesse aussi forte que la mort. Angélique est associée à Sophie, dès la première lettre où il lui parle d'elle : « *Ô ma Sophie, combien de beaux moments je vous dois ! combien je vous en devrai encore ! Ô Angélique, ma chère enfant, je te parle ici et tu ne m'entends pas ; mais si tu lis jamais ces mots quand je ne serai plus, car tu me survivras, tu verras que je m'occupais de toi et que je disais, dans un temps où j'ignorais le sort que tu me préparais, qu'il dépendait de toi de me faire mourir de plaisir ou de peine.* » Elle a alors six ans. Denis *rêve* d'arracher sa fille aux « flétrissures » provoquées par les principes éducatifs de Nanette, son épouse. Il raconte à Sophie combien il se bat, pied à pied. Angélique sera une enfant réelle, produit d'un couple dissemblable ; mais aussi, à travers les lettres, la fille idéalisée du couple Denis-Sophie, une des formes de leur survie commune. Rousseau, pur théoricien, écrit *l'Émile* sans s'être jamais occupé de l'éducation de ses enfants. Denis raconte à Sophie les plans qu'il élabore pour l'épanouissement d'Angélique, comment il les met en pratique malgré les difficultés, et comment l'enfant, puis la jeune fille réagissent à cet apprentissage de la vie qui ne lui cache rien. À travers Angélique, il fait mieux que se projeter au-delà de sa propre vie : il sacrifie le présent aux chances de l'avenir. Quand Angélique a trois ans, il fait le rêve fou de la marier un jour à Grimm ; quand elle en a quinze, il vend sa seule richesse, sa bibliothèque, afin de lui constituer une dot. Elle aura, pense-t-il, la liberté qu'il n'a pas eue. Mais quand elle se marie et part, c'est bien un morceau de sa vie qui se détache.

L'autre réponse à la promesse de la mort, c'est la promesse de l'œuvre. Sauf lorsqu'il écrit à Sophie, il ne se préoccupe guère de la manière dont son travail d'écrivain sera reçu par ses contemporains. D'ailleurs, la plupart de ses œuvres majeures dorment dans ses tiroirs ou dans les rayons discrets des bibliothèques de ses amis ; à l'abri de la censure, de la répression, de l'incompréhension. Il se sait trop hardi pour son temps. Il refuse même de réunir ses livres : « *Laissons à quelque bonne âme le soin de rassembler mes guenilles, lorsque je serai mort.* » Parfois, tout ce travail littéraire acharné le décourage, et les caresses de Sophie suffiraient à son bonheur. Parfois aussi, il a l'illusion que son génie est reconnu, que ses lumières éclairent ses contemporains, que l'impératrice de Russie va écouter ses conseils et renoncer au despotisme. Les moments d'abattement passent aussi vite que les illusions. Ce qui ne passe pas, c'est la certitude de la postérité, la vie future au milieu des lecteurs : Il l'avait écrit à Grimm, dès 1765 : « *Le temps finit toujours par prendre mon goût et mon avis. Ne riez pas : c'est moi qui anticipe sur l'avenir et connais ses pensées.* »

À Sophie, il confie qu'il lui arrive, la nuit, d'entendre « le concert de flûtes qui s'exécute au loin ». Il précisera : « *Je crois que le concert qui s'exécute de près a bien son prix ? Mais, le croiriez-vous ? Ce n'est pas celui-ci, c'est le premier qui m'enivre. La sphère qui nous environne, et où l'on nous admire, la durée pendant laquelle nous existons et entendons la louange (...), tout cela est trop petit pour la capacité de notre âme ambitieuse ; peut-être ne nous trouvons-nous pas suffisamment récompensés par les génuflexions d'un monde actuel. À côté de ceux que nous voyons prosternés, nous agenouillons ceux qui ne sont pas encore. Il n'y a que cette foule d'adorateurs illimités qui peuvent satisfaire un esprit dont les élans vont toujours vers l'infini. Vous voyez que je me moque de tout cela, que je me persifle, moi et toutes les autres mauvaises têtes comme la mienne ; et bien, vous l'avouerai-je : en regardant au fond de mon cœur, j'y retrouve le sentiment dont je me moque, et mon oreille, plus vaine que philosophe, entend même en ce moment quelques sons imperceptibles de ce concert lointain.* »

Peut-on avoir l'oreille philosophique et entendre néanmoins les appels de la postérité ? Peut-on être athée, atomiste et matérialiste, et croire néanmoins à l'éternité de son roman d'amour avec Sophie ? Oui, si l'on est Diderot et si la raison du philosophe parvient à se loger avec l'imagination du poète.

Cette lettre à Sophie est datée du 15 octobre 1759 : *« Ceux qui se sont aimés pendant leur vie et qui se font inhumer l'un à côté de l'autre ne sont peut-être pas aussi fous qu'on pense. Peut-être leurs cendres se pressent, se mêlent et s'unissent ! que sais-je ? Peut-être n'ont-elles pas perdu tout sentiment, toute mémoire de leur premier état. Peut-être ont-elles un reste de chaleur et de vie dont elles jouissent à leur manière au fond de l'urne froide qui les renferme. Nous jugeons de la vie des éléments par la vie des masses grossières ! Peut-être sont-ce des choses bien diverses. Lorsqu'un polype est divisé en cent mille parties, l'animal primitif et générateur n'est plus ; mais tous ses principes sont vivants. Pourquoi la nature entière ne serait-elle pas du même ordre ? O, ma Sophie ! Il me resterait donc un espoir de vous sentir, de vous toucher, de vous aimer, de vous chercher, de m'unir, de me confondre avec vous quand nous ne serons plus. Si je devais dans la suite des siècles refaire un tout avec vous, si les molécules de votre amant dissous avaient à s'agiter, à s'émouvoir et à rechercher les vôtres éparses dans la nature ! Laissez-moi cette chimère, elle m'est douce ; elle m'assurerait l'éternité en vous et avec vous. »*

Pierre Lepape

Écrivain et journaliste, Pierre Lepape est un critique littéraire aussi brillant qu'exigeant. Il a longtemps tenu le fameux feuilleton littéraire du journal *Le Monde*. Il est l'auteur d'essais biographiques consacrés à *Diderot* (1993),

Voltaire le conquérant (1997) et *André Gide le messager* (2000). Dans *Le pays de la littérature : du serment de Strasbourg à l'enterrement de Sartre* (Seuil, 2003) il retrace onze siècles d'histoire, de 842 à 1980 ! À la façon de Michelet, cet essai place l'histoire de France sous le signe des idées et des passions en mettant au centre la littérature, « alliée objective et subjective de son déroulement ». Pour Pierre Lepape il existerait en France un lien exceptionnel entre le politique et le littéraire qui repose sur « la croyance que la littérature et son système symbolique qui est la langue assoient la puissance du politique ». En quarante-quatre chapitres captivants, Pierre Lepape analyse avec érudition une histoire littéraire originale qui montre comment la voix de l'écrivain répond au fait politique, en le servant ou en s'y opposant, en le subissant ou en en triomphant, dans une permanente recherche d'équilibre des forces et de réversibilité des pouvoirs. Dans *La Disparition de Sorel* (Grasset, 2005) (Charles Sorel, auteur du XVIIe siècle), il poursuit son brillant travail d'historien de la littérature française en essayant de répondre à des questions essentielles : comment se formule un jugement de valeur en littérature, celui du public immédiat, celui de la postérité ? sur quelles bases esthétiques, morales, politiques, sociales ? Pierre Lepape est membre du jury du Prix des Écrivains du Sud.

Alain MABANCKOU

La Blonde de Neige

Alain Mabanckou

À cette époque, que je m'en souvienne encore, je devais avoir quinze ou seize ans, nous pensions que l'apprentissage de l'amour se faisait dans les livres. Fallait-il alors dévorer les romans « littéraires » ou les romans-photos ? Choix plus que cornélien. Le roman-photo brisait le songe. Les bulles nous rappelaient les bandes dessinées. Et puis ces hommes et ces femmes étaient tous magnifiques, beaux, loin de nos traits. Ils avaient les mots justes, l'univers de luxe, avec leurs voitures de collection, leurs chevaux bien dressés, leurs domestiques si serviles.

Et réalité, battant en retraite, un peu comme ce singe qui, pour masquer son impuissance dira que les fruits sont trop verts, nous nous disions que les romans-photos étaient des lectures pour les filles. Il nous fallait autre chose. Les mots et non les images. Parce que les mots laissaient à l'esprit l'éventualité des cabrioles. Parce que les mots marquaient plus que l'image figée sur du papier souvent glacé...

Et alors, il y avait ce que je pourrais aujourd'hui considérer comme mon premier roman d'amour, un livre intitulé *Le Parfait secrétaire*... C'était notre bible d'amour. Nous le lisions au centre culturel français de Pointe-Noire, en allant vers la Côte sauvage. Et il fallait se lever de bonne heure pour emprunter le premier cet ouvrage.

J'ignore le nom de l'auteur, encore moins celui de l'éditeur, et je ne voudrais pas « tuer » ce mystère en me plongeant maintenant dans une recherche à travers Internet, comme quoi, cet outil, par sa rapidité peut aussi nous voler notre droit à l'innocence ! En ce temps-là nous ne lisions pas les noms des auteurs, nous ne savions pas ce que voulait dire un éditeur. Ce qui nous importait c'était de lire une histoire d'amour. Il se trouve que *Le Parfait secrétaire* ne racontait pas des histoires d'amour. C'était un ensemble des textes divers et utiles pour la correspondance quotidienne : curriculum vitae, la lettre de motivation pour une embauche, lettre de condoléances, etc.

Et puis, il y avait, en fin de volume, ce qui nous intéressait : les lettres d'amour pour toutes les circonstances. Nous lisions. Nous les récitions par cœur. Et puis, nous passions enfin à l'action, dopés par cet apprentissage acharné. Cela nous entraînait dans des aberrations qui, aujourd'hui, ne manquent pas de m'extirper encore sourire. En effet, souvent, dans la lettre-type, la fille était une blanche, blonde aux yeux bleus... Nous suivions à la lettre les formules de cette correspondance amoureuse, ignorant qu'il était plus adéquat de « tropicaliser » les traits de notre destinataire. Et nous évoquions l'hiver, la neige, les sapins... La pauvre femme de couleur recevait alors des mots destinés aux blondes ou aux brunes. Nous attendions avec fébrilité sa réponse, conscients d'avoir atteint le summum de ce que nous appelions le « baratin* ». Mais comme ces mots semblaient leur plaire, nous

* Baratiner : faire la cour

en étions arrivés à nous dire que rien n'était plus poétique que d'appeler une Noire « Ma Blonde de Neige ». D'ailleurs, mon premier amour a gardé jusqu'alors ce sobriquet de « Blonde de Neige », et je crois bien qu'elle n'est pas la seule à revendiquer cette « appellation d'origine contrôlée ». Tous les baratineurs de mon époque en savent quelque chose...

Plus tard, c'est dans la poésie que nous nous lançâmes. De toute évidence, Lamartine s'imposa. Parce que ses « lamentations » correspondaient à notre état d'âme si fragile pour la moindre déception. C'était toujours émouvant de terminer sa lettre d'amour par « Un seul être vous manque et tout est dépeuplé ».

Et puis nous découvrîmes les « sagas » exotiques de Guy des Cars, avec *Sang d'Afrique*. Nous nous mîmes à rêver de l'Europe, de ce continent lointain d'où nous souhaitions revenir un jour avec une vraie Blonde de Neige...

Alain Mabanckou

Alain Mabanckou est né au Congo-Brazzaville et réside à Santa Monica (Californie) où il enseigne la littérature francophone à l'Université de Californie-Los Angeles. Il a publié à ce jour six recueils de poèmes, des nouvelles, des textes divers et six romans dont *Verre cassé*, roman paru en 2005 aux Éditions du Seuil et qui reçut la même année le **Prix des Cinq continents de la Francophonie**, le **Prix Ouest-France/Étonnants Voyageurs** et le **Prix RFO du livre**. Son dernier roman, *Mémoires de porc-épic* (Le Seuil, 2006) a été couronné par le **Prix Renaudot**. André Mabanckou est membre du jury du Prix du Roman d'amour (Prix littéraire Prince Maurice)

Mona Ozouf

Les ailes de la colombe

Mona Ozouf

Le coloris des *Ailes de la colombe* est sombre, presque sinistre. On peut lire le roman comme celui des pièges tendus à l'innocence, de la solitude des êtres, de la mort. On peut dire aussi que l'argent, non l'amour, en constitue le cœur, d'autant que l'amour lui-même s'y exprime dans la langue de l'argent. Je lis pourtant les *Ailes* comme un grand roman d'amour. Pourquoi ?

La réponse la plus simple est de dire que le roman, dès les premières pages, fait faire connaissance avec deux jeunes gens, entre lesquels on assiste au surgissement de l'amour. Kate et Merton se rencontrent à une soirée où ils s'ennuient beaucoup l'un et l'autre, et ce qui se passe entre eux est une manière de coup de foudre, si tant est qu'un coup de foudre puisse être calme. Mieux vaut ici laisser la parole à James :

« *Elle avait senti au bout de cinq minutes que quelque chose, entre eux, était... survenu semblait le terme propre. Ce n'était rien qu'on pût voir, ou toucher, mais qu'il fallait sentir et connaître ; quelque chose leur était arrivé, à l'un et à l'autre. Ils s'étaient aperçus qu'ils se regardaient plus longuement qu'il n'est habituel, même au cours de soirées dans des salles louées à cet effet ; mais en soi, c'était, après tout, peu de chose pour deux êtres aussi beaux. Bref, ce n'étaient pas seulement leurs yeux qui s'étaient rencontrés ; mais d'autres facultés et antennes, et lorsque ensuite*

Kate se souvint de ce fait subit et profond, elle se l'imagina, chose bizarre, comme s'ils s'étaient donné une singulière représentation. Elle avait observé une échelle appuyée au mur d'un jardin qui se trouvait probablement de l'autre côté. Arrivée au sommet, elle s'était trouvée en face d'un jeune homme animé des mêmes intentions au même moment, et les deux investigateurs étaient restés perchés tout le reste de la soirée ; ils n'étaient pas redescendus ; et pendant tout le temps, Kate avait vraiment eu un sentiment d'exaltation, comme si elle était là, très haut, sans retraite possible.

Ce qui frappe dans cette description de l'amour naissant, c'est l'impréparation, l'imprévisibilité, l'immédiateté (cinq minutes ont suffi), l'enracinement dans le charme physique des êtres (ils sont beaux), l'évidence (ni elle ni lui n'a le moindre doute sur ce qui vient de se passer, et aucun n'a besoin de s'embarrasser de rationalisations) ; c'est la pénétration immédiate que l'amour donne à ceux qui en sont touchés : c'est la simplicité (Kate compare leur couple à celui de la femme de chambre riant bêtement avec le boulanger) ; c'est la réciprocité, la rencontre égale des âmes au-delà des mots, le sentiment de l'intime affinité de ceux qui se sont ainsi trouvés.

J'ajoute, puisque l'exercice qui nous est proposé nous invite à dire « je », que je suis particulièrement sensible, dans ma lecture des romans, à cette note de confiance, à ce qu'on pourrait nommer le quiétisme amoureux, note qui, quand elle est captée, donne aux scènes où elle se fait entendre un charme inimitable, celui du *Chasseur vert*, entre Lucien et Madame de Chasteller, dans *Lucien Leuwen*.

Mais si cette note est présente dans les premières pages des *Ailes*, et s'entend encore dans celles qui suivent, elle a tendance à s'assourdir au fil du roman et même à disparaître. C'est que si l'amour est simple, la vie ne l'est pas. Les jeunes gens sont pauvres (selon les critères jamesiens), empêchés de se marier à la fois en raison de cette pauvreté, et d'une circonstance sinistre, largement exposée dans le premier chapitre : la jeune fille, accablée de parents calamiteux, a été adoptée, mieux vaudrait dire achetée, par une tante opulente, qui se flatte de la « lancer », à la condition qu'elle rompe toute relation avec sa famille. C'est le premier contrat du roman. Kate ne l'accepte qu'après en avoir détaillé les termes à son peu recommandable père, assortis d'une contre-proposition : elle s'engage à renoncer aux largesses de cette tante Maud pour vivre avec lui pauvrement mais honorablement. Ce que décline le père, qui voit dans l'arrangement de la tante une affaire avantageuse pour la famille. Kate, repoussée par son père, se met donc sous la protection – on pourrait dire la servitude – de sa tante.

Mais la redoutable personne a mis à sa protection une seconde condition, le deuxième contrat du roman, moins explicite que le premier. Elle demande à la jeune fille de renoncer à son amoureux, parti indigne des vastes projets qu'elle nourrit pour sa nièce. Contrat inacceptable pour Kate, dans lequel pourtant elle feint d'entrer pour gagner du temps. Et ce temps est opportunément accordé aux jeunes gens par un reportage américain offert à Merton par le journal qui l'emploie. Merton part donc, entre lui aussi dans la feinte suggérée par Kate, vaguement conscient pourtant de la menace que fait peser le mensonge sur la précieuse sérénité du sentiment qui les unit.

Entre alors dans le roman la personne qui va faire vaciller cette sérénité et proposer une autre représentation de l'amour. Cette Milly est une jeune Américaine « prodigieuse », selon l'épithète que James affectionne. Prodigieuse par sa liberté : aucune parentèle à l'horizon. Prodigieuse par sa fabuleuse fortune. Prodigieuse par sa fragilité, menacée qu'elle est par une maladie mortelle. Prodigieuse enfin par son avidité à vivre avant sa mort une expérience intense, c'est-à-dire un amour intense. Elle est arrivée à Londres comme un personnage adamique, jeune Américaine ignorante des codes d'une société londonienne acquisitive, où tout se négocie et s'achète, et où elle est menacée elle-même d'être un objet d'échange sur le marché, une proie doublement désignée par la richesse et la maladie. La jeune fille se lie à Kate, dont elle est en quelque sorte l'image inversée : une rousse fragile face à une brune éclatante, malade quand l'autre est intensément vivante, immensément riche quand l'autre est pauvre. Or il se trouve que Milly a rencontré Merton lors du séjour américain du jeune homme, s'est éprise de lui, ce que Kate, sans le secours de la moindre confidence, a compris au premier coup d'œil. Kate met alors au point le troisième contrat du roman, qui en est véritablement le cœur.

Ce contrat est double. Il consiste d'abord à faire croire à Milly que le jeune homme est amoureux de Kate, mais sans espoir, de sorte que la pitié renforce la tendresse spontanée qu'il a éveillée chez Milly. Puis, de manière moins oblique, à feindre l'amour pour la mourante, dans l'espoir qu'elle lui léguera sa fortune, ce qui finit en effet par se passer. Cette fois, Merton renâcle, et ne se décide à entrer dans le contrat que si Kate à son tour accepte un quatrième marché : si elle le rejoint dans son appartement à Venise (où toute l'action s'est déplacée à la mi- roman) et si elle se donne à lui. Contrat exécuté, et, selon James, si « *magnifiquement payé* » – le recul de James devant la description de l'acte physique se mesure à l'emploi de ces seuls mots, empruntés une fois encore au vocabulaire de l'argent – que Merton se résigne à faire à Milly une cour feinte et contrainte.

Le roman se consacre alors à explorer en quoi cette cascade de contrats ruine l'amour. Dans la relation de confiance, si simple et si tendre, établie entre Kate et Merton, se glisse insidieusement le soupçon. La dissimulation que les amants sont tenus d'observer contamine obscurément leurs échanges, qui ne retrouvent plus qu'exceptionnellement l'élan des premières rencontres. La pénombre succède à la clarté, la quiétude est perdue, les êtres eux-mêmes sont altérés. Merton, par éclairs, en vient à se demander si la jeune femme brillante et pragmatique qui mène le jeu, ne cacherait pas, sous la tendresse qu'elle lui montre, une âpreté, une brutalité, voire une cruauté, que met mieux en évidence encore l'innocente fragilité de Milly.

Si on devait en rester là, le roman serait celui de la défaite de l'amour. Mais il offre une autre chance encore à une autre forme d'amour, que cette fois Milly invente. Si bien que l'amour cette fois, loin d'être vaincu par le contrat, s'en institue le vainqueur.

Car, à partir du moment où Merton, mis en demeure de faire sa cour à la mourante, se retrouve seul avec elle à Venise (ce sont les plus belles pages du roman, dans une Venise hivernale, à la fois utopie et uchronie), on sent que tout bascule. C'est au moment où les deux amoureux touchent à ce qui était le but de leur machination que les contrats du roman se mettent à être, non plus exécutés, mais refusés. Une fois Merton rentré à Londres (significativement il y reste quinze jours sans chercher à revoir Kate), il reçoit une lettre posthume de Milly, soigneusement calculée pour lui parvenir la veille de Noël, jour des cadeaux. Dans un ultime effort de loyauté, il offre à Kate le précieux témoignage de cette lettre cachetée, en contre-partie du don que celle-ci lui a fait à Venise : il paie le corps de Kate avec l'esprit de Milly. Kate commet alors le geste fatal, en jetant au feu la lettre sans la lire : pour elle, la lettre annonce seulement le testament matériel qui doit suivre, et qui parviendra, aussi bien, du notaire de New-York Pour Merton, la lettre est un testament spirituel. Rien ne montre mieux la séparation des amants que ce face-à-face dramatique : Kate vit toujours dans l'univers du contrat alors que Merton s'en est affranchi. Il n'en propose pas moins à Kate la chance d'un nouveau marché, désintéressé celui-ci : si elle renonce au legs, il l'épouse sur-le-champ. Marché qu'elle ne peut ni ne veut conclure, tant elle s'est identifiée à sa machination. Elle cherche alors à tourner la difficulté en mettant entre les mains de son amant un contre-marché, le dernier du roman. Oui, elle l'épousera s'il peut lui jurer qu'il n'est pas amoureux du souvenir de la morte. Cette fois, c'est lui qui ne peut conclure le pacte, qui signerait sa déloyauté personnelle et leur crime commun

Reste à comprendre comment la conversion de Merton a été réalisée, et c'est là que brille la figure de Milly. Le don que fait celle-ci est d'autant plus extravagant qu'elle a été mise au courant de la supercherie par un autre coureur de dot, un lord désargenté qui se venge de s'être vu préférer Merton. Le secret sur lequel reposait théoriquement le succès du complot diabolique des héros, sauvagement violé, a été directement responsable de la mort de Milly. Autrement dit, Milly s'est montrée capable de la forme suprême d'amour, celle qui n'exige pas la réciprocité. La merveille est qu'elle a, sans le savoir elle-même, obtenu la réciprocité : de la pitié pour Milly, Merton a glissé à l'amour, tandis que son amour pour Kate virait à la pitié.

Cette fin des *Ailes de la colombe*, si triste, je ne la lis pourtant pas sous le signe de la défaite, car on y voit l'opération miraculeuse de l'amour. Beaucoup de critiques de James, certes, refusent cette interprétation. Tantôt, ils font de Milly une figure christique, habitée par l'héroïsme du renoncement à soi, alors qu'elle est soutenue par l'appétit de vivre et d'aimer (l'amour est du reste le remède que lui a prescrit le prestigieux médecin londonien comme le seul capable de l'arracher à sa mystérieuse maladie). Tantôt, ils en font une attardée, incapable d'interpréter les signes, pourtant nombreux, du complot ourdi contre elle : mais, outre le fait qu'elle a, par éclairs, l'intuition de l'attachement réciproque de Kate et de Merton, il est normal qu'elle se rétracte devant une connaissance aussi ruineuse pour son espérance vitale, et on peut y voir par ailleurs la propension de l'amour à se nourrir de la fiction et à refuser les démentis de la réalité.

Tantôt enfin, la critique a vu en Milly un prodige d'astuce diabolique, qui a compris qu'en léguant sa fortune, elle empêchait à jamais les amants de se réunir. Cette dernière interprétation me semble un contresens complet. Je crois au contraire que ce que Milly illustre, c'est la folie du don amoureux et la force mystérieuse de l'amour. L'amour a appelé l'amour et transcendé le complot. Merton a beau n'avoir pas lu la lettre que Kate a jetée au feu, il en sait assez pour comprendre que Milly a fait mieux que lui pardonner, qu'elle l'a « béni ». *Les Ailes de la colombe* sont le triomphe de l'amour. On dira que c'est un triomphe éphémère, où les amoureux ne se rejoignent que pour se séparer. Milly et Merton n'ont eu pour eux que la dernière visite de Merton à Milly, sur laquelle rien n'est dit et dont seule Kate a deviné l'intensité. Mais aux yeux de James même l'amour inaccompli a cette vertu d'arracher les êtres au monde de l'égoïsme agressif et de la solitude, « la chose la plus divine dans un monde misérable », dit-il.

C'est pour cela que je ne lis pas les *Ailes de la colombe* sous le signe de la défaite, mais sous celui de l'amour réparateur et rédempteur, seul capable de réenchanter nos vies prosaïques et mesquines et de nous mettre en communication avec l'invisible

Mona Ozouf

Agrégée de philosophie, membre du Centre de recherches politiques Raymond Aron à l'Ecole des hautes études en sciences sociales, Directrice de recherche au CNRS, elle a consacré l'essentiel de ses recherches aux problèmes de l'école publique en France et de la Révolution française. De ses très nombreux ouvrages, on peut faire trois parts :

- la première est consacrée à la France républicaine et à l'école publique (*L'Ecole, l'Eglise et la République*, A. Colin, 1962 ; *La Classe ininterrompue*, Hachette, 1979 ; *L'Ecole de la France*, Gallimard, 1984 : *La République des instituteurs*, Hautes Etudes- Gallimard- Le Seuil, ce dernier en collaboration avec Jacques Ozouf ; *Le Siècle de l'avènement républicain*, Gallimard, 1993, en collaboration avec François Furet.

- la deuxième porte sur la Révolution française (*La Fête révolutionnaire*, Gallimard, 1984 ; *L'Homme régénéré*, Gallimard, 1989 ; *Varennes, la mort de la royauté*, Gallimard, 1989 (**Prix du Sénat du livre d'histoire** 2006) ; *Dictionnaire critique de la Révolution française*, Flammarion, 1988 ; *La Gironde et les Girondins*, Payot, 1991 (ces deux derniers en collaboration avec François Furet).

- la troisième, enfin, est consacrée aux rapports de la littérature et de l'histoire démocratique (*Les Mots des Femmes*, Fayard, 1995 ; *La Muse démocratique, Henry James ou les pouvoirs du roman*, Calmann-Lévy, 1998 ; *Les Aveux du roman, le* XIXe *siècle entre Ancien Régime et Révolution*, Fayard, 2001).

Mona Ozouf est membre du jury du prix Femina.

Daniel PICOULY

La chaire de Bobinette

Daniel Picouly et Anne-Marie Garat

Comment j'ai lu des romans d'amour ?

C'est simple : je n'en ai pas lu.

En mon temps, les garçons ne lisaient pas de romans d'amour. Cette étrange lecture était réservée aux filles. Lire des romans d'amour, pour un garçon, c'était prendre le risque de voir tomber son robinet, son oiseau, son couroucou, encore plus sûrement qu'en le tripotant le soir à la lampe de poche. Les grands l'assuraient. Même les fausses confessions du mercredi au caté ne pouvaient effacer un tel péché. Lire des romans d'amour était dangereux pour la virilité. D'ailleurs pourquoi aller contre la nature des choses et l'ordonnancement sexué du monde puisque les collections, elles-mêmes, étaient tricotées comme des chaussons de nourrisson. Il y avait la Bibliothèque Verte pour les garçons et la Bibliothèque Rose pour les filles. On était aiguillé dès la maternité.

Le vert, couleur de l'aventure, de l'action et de la nature. Tandis que le rose, c'était bonbon, princesses, gnangnan et compagnie. Nous, les robinets, on se frottait à Fenimore Cooper, Jules Verne et Jacques London tandis que les filles... Au fait, qu'est-ce qu'elles lisaient, ces engeances ? On ne savait pas et on ne voulait pas savoir. Toujours le risque de la chute inopinée de l'engin. La fille restait donc mystérieuse, même quand on en avait à la maison version sœurs, grandes et petites.

Et ma mère ? Attention ma mère n'était pas une fille. Premièrement, elle lisait le journal comme les garçons et n'emballait les épluchures que dans les mauvaises nouvelles. Deuxièmement, preuve que ma mère n'était pas une fille comme les autres, elle pouvait interdire à mes sœurs de lire des histoires d'amour... Josette, pose-moi donc ce *Nous Deux*... Preuve définitive de la nocivité de ces lectures féminines. Mais preuve plus définitive encore de leur intérêt. C'était dit, il fallait absolument que je lise ces mystérieuses histoires de filles.

Dès le demain, je subtilise la pile de romans-photos cachée sous le buffet et je monte dans mon cerisier pour lire.

Nous Deux, Intimité, Madrigal. Des histoires complètes ou sous forme de feuilleton. Je renonce rapidement à la forme feuilletonante et à ce « à suivre... » qui en promet tant dans les points de suspension sur le registre suivez-moi jeune homme. Je renonce après avoir retrouvé, pour cause de numéros manquants, une Maria avec un bébé Cadum que personne ne lui avait fait. J'apprenais l'ellipse par immaculée conception et danger de s'éloigner de son foyer

J'apprenais bien d'autres choses dans ces romans-photos. D'abord, que le titre doit être court, et dramatique : *L'implacable vengeance, Cœurs déchirés,* et qu'il pouvait être sans rapport avec l'histoire. *Le Manoir de la jalousie* n'était qu'un vulgaire pavillon de banlieue.

J'apprenais combien un titre pouvait être tyrannique, faire ou défaire un livre.

A l'intérieur, des images en noir et blanc. Des hommes et des femmes qui parlaient « hors d'eux » dans des bulles et pensaient dans des bulles différentes. Des bulles en pointillés, des bulles de poissons rouges songeurs dans leur bocal. Penser dans un roman-photo c'est être comme un poisson rouge en noir et blanc.

Il y avait aussi la pose des personnages sur les photos. Des poses artificielles avec des profils de hiéroglyphes et des regards cardinaux de théâtre japonais orientés selon le sentiment à exprimer, de la fourberie (en bas à gauche) à l'émoi romantique (en haut à droite). Dans un roman-photo, les sentiments sont disposés sur une table d'orientation qui figure la Carte du Tendre bornée façon bocage normand.

Les protagonistes de l'histoire respectaient le code à gros sourcils en vigueur dans les film muets : on est ce à quoi on ressemble avec son corollaire pratique : on ressemble à ce qu'on est. Bref de la morphopsychologie appliquée au casting pour bluette qui produisait une typologie immuable avec héroïne virginale, héros bellâtro-manipulable, mère nourricière et castratrice, père industrieux à démon de midi, amante volcanique et briseuse de ménage et soupirant du beau du bon du benêt. C'était reposant, on finissait par y reconnaître des personnages de « la vraie vie » dont on lisait les pensées secrètes dans des bulles de poissons rouges. Le monde devenait un bocal plus transparent.

Côté bocal, les lieux étaient ordonnancés sur un mode binaire d'antagonismes primaires : modernes et cossus côté héros bourgeois, chiche mais propret chez l'héroïne prolétarienne. La polarisation du décor était assurée par des accessoires valant pour signes avec un balancement quasi dialectique : téléviseur futuriste d'un côté et TSF modèle Radio Londres de l'autre, par exemple. On était dans la lutte de classe par bibelots interposés.

Et l'histoire ? Il ne fallait pas compter sur elle pour rompre l'harmonie prévisible des choses. L'histoire, qui en avait vu d'autres, avait compris depuis longtemps que chez le lecteur (qui est une lectrice) sommeille sous la paupière légère l'enfant endormi aux fables et contes du soir. L'enfant nourri au « il était une fois » qui le rembobine pour un éternel recommencement. C'est du cordon ombilical branché sur « rewind ». L'histoire sait débusquer l'enfant émerveillé à « la bobinette cherra », formule magique qui lui fait découvrir la primauté du poétique. Ce « cherra » qui deviendra plus tard ce verbe « choir », non sans rapport avec le premier sentiment d'abandon chez l'adolescent... mais qui donc est cette cruelle Bobinette ? Il vient de basculer dans un monde où le prince poète devient un crapaud purulent de sens.

Dans un roman-photo, l'histoire lue aujourd'hui doit contenir l'écho inconscient de l'histoire entendue naguère et déclencher la découverte « en temps réel » de ce que l'on sait déjà (on peut avec profit relire ce passage en rembobinant).

Dans un roman-photo l'histoire met rapidement le pilote automatique*.

L'histoire, donc. Nous disions : conte et bobinette. C'est exactement ça. Un roman-photo raconte

---

* Route 66 : L'intérêt pour un texte provient souvent de ce sentiment voluptueux que l'auteur reprend en mode « manuel » une narration grippée dans un overdrive à sous-régime qui fait ressembler l'histoire bitumineuse à un long autoroute texan rectiligne dont le paysage nous apparaît rebattu alors qu'on n'y a jamais posé ne serait ce que l'idée d'un rêve.

(toujours) l'histoire d'un jeune homme beau et riche qui tombe amoureux d'une jeune fille belle et pauvre. Mais la mère (acariâtre) lui destine une jeune fille riche et... (Je teste ici le roman-photo interactif) Alors, (pour ceux qui ont suivi) la jeune fille est riche et... laide ! Parfaitement. Mais, à la fin de l'histoire, l'amour triomphe, et le jeune homme riche et beau épouse (on épousait en ce temps-là) la jeune fille belle et pauvre, puis l'emmène dans son Alfa Roméo ! Coucher de soleil.

Oui, c'était une Alfa Roméo rouge, même en noir et blanc. Toujours une Alfa Roméo, tant et si bien que le jeune lecteur crédule (moi) en conçoit la certitude que plus tard pour réussir auprès des filles, il lui faudra une Alfa Roméo *. Ce qui conduit le jeune homme crédule (moi) à ne pas passer son permis de conduire pour conserver son permis de désir intact et se garder d'une libido à points.

Clairement, le roman-photo est la voie la plus précoce pour la mise à jour du schéma narratif le plus puissant : le prince, la princesse et le dragon, c'est-à-dire Moi, l'objet de mon désir et les obstacles pour l'atteindre. On pourrait dire également... Stop !... Justement, c'est vrai, on pourrait le dire autrement et même on passe son temps à le dire autrement. Sinon, quel intérêt y aurait-il à devenir grand et intelligent si c'est pour reproduire un schéma de conte pour enfant ?

La question est posée. La bonne question.

---

* Alfa Roméo : marque italienne d'automobiles dans laquelle le moindre lacanien garagiste détectera en face de « Roméo » la mise en abîme subliminale de « Juliette » dans cet « Alfa » en forme de quête d'absolu travestie.

Car pour moi, l'essentiel de ce qui est écrit en matière romanesque suit ce schéma. Et souvent avec le doigt. Besogneusement. D'autres investissent beaucoup de leur valeur ajoutée littéraire pour en faire disparaître les traits de construction. De peur d'être reconnus et taxés de puérilité. Ce sont les réfugiés fiscaux de la littérature. Ils planquent notre trésor universel commun dans des petits coffres personnels à numéros. On le connaît leur numéro : ils le font devant nous avec moult vivats et gratifications terrestres... Stop !... Foin de diatribes rancunières, un jour leur bobinette cherra.

Mais que fait l'Université ?

Que font les chercheurs ?

Pourquoi ne décrypte-t-on pas les romans à l'aune de ce schéma universel de base. Pourquoi ne mesure-t-on pas Travail et Valeur Ajoutée à ce schéma pour apprécier l'apport d'un ouvrage au bien commun. Il suffirait de créer un indice... tiens, comme pour les vins de Bordeaux. Une sorte de Parker littéraire *.

Je propose pour cet indice un nom : l'Indice de Bobinette. Ainsi, de retour à Aix-en-Provence, au hasard d'un amphithéâtre je pourrais demander à un professeur après sa conférence... Vous enseignez quoi, vous ?... Moi, je tiens la chaire de Bobinette !...

Au terme de ce texte à hue et à dia vous pourriez me demander : quel rapport avec « Comment avez-vous lu des romans d'amour ? » ce serait alors l'évidence que nous n'avons pas lu les mêmes.

---

* La Parkérisation (c'est-à-dire la fabrication du produit roman en fonction d'un goût de référence identifié), la Parkérisation donc de la littérature étant bien engagée, il serait sain qu'un indice lui rende hommage.

Daniel Picouly

Daniel Picouly est né et a grandi dans la banlieue parisienne, entouré de douze frères et sœurs. Après des études de comptabilité, de gestion et de droit, il devient en 1988 professeur de comptabilité en classe de BTS dans le 13e arrondissement parisien. En 1992, encouragé parDaniel Pennac, il publie son premier roman, *La Lumière des fous*. En 1995, il trouve le grand succès avec sa saga familiale *Le Champ de personne* pour lequel il remporte le **Grand Prix des lectrices de Elle**. Daniel Picouly excelle dans tous les genres (roman, polar, album de jeunesse), ce qui lui vaut d'être un des auteurs français les plus populaires. Deux de ses œuvres ont été adaptées en bandes dessinées (*Tête de nègre, Retour de flamme*). Pour *L'Enfant Léopard* (Grasset, 1999) il a reçu **le Prix Renaudot**, pour *Paulette et Roger* (Grasset, 2001) le **Prix Populiste**, pour *Le Coeur à la craie* (Grasset 2005) le **Prix des romancières**. *Un beau jeudi pour tuer Kennedy*, qui a paru en 2006 chez Grasset, est son 10e roman. Daniel Picouly anime un « Café littéraire » sur France 5. Il est Président du jury du Prix du roman d'amour (Prix littéraire Prince Maurice)

Elisabeth ROUDINESCO

Le veuf et l'orpheline

Elisabeth Roudinesco

Sur un tel sujet, "Comment j'ai lu des romans d'amour", j'aurais pu parler de tous les romans d'amour que j'aime. Amour impossible, amour tragique, amours funèbres, passions. En bref, j'aurais pu parler de tout ce qui fait l'essence même du roman. Car il n'existe pas de roman sans une histoire d'amour : le roman est même né de l'idée de raconter l'amour et donc de faire lire l'amour.

Quand Paule Constant m'a fait l'honneur de m'inviter à ces journées, j'étais un peu embarrassée car mes goûts littéraires me portent vers les romans les plus classiques. Et puis, je me suis dit que peut-être je pouvais déplacer la scène classique et choisir dans la littérature une autre scène que celle qui a lieu d'ordinaire, dans l'univers romanesque, entre un homme et une femme.

Aussi ai-je choisi de commenter deux passages célèbres des *Misérables**. Dans le premier, Hugo relate la naissance de l'amour entre Jean Valjean et Cosette ; dans le second, il raconte comment Jean Valjean meurt d'amour en se souvenant de la naissance de cet amour, au moment même où Cosette l'abandonne après avoir épousé Marius.

---

* Victor Hugo, *Les Misérables*, OC, Roman II, Paris, Laffont, coll. "Bouquins", 1985. Présentation, notice et notes de Guy et Annette Rosa.

On sait que dans *Les Misérables*, Hugo inverse tous les canons du récit romanesque, prenant pour thème, non pas la grande histoire de personnages bien définis, immergés dans la tourmente d'un destin qui les dépasse et les détermine, mais, au contraire, la petite l'histoire des vies minuscules et infâmes des gens de la misère : les sans-noms et les exclus : les uns sublimes, les autres grotesques, abjects ou monstrueux. Hugo, qui se désigne lui-même comme "le patriote de l'humanité", prend pour thème l'acropole des va-nu-pieds, une sorte de part maudite de la narration romanesque, sa part oubliée.

La première scène est celle où Jean Valjean, après avoir enlevé Cosette des griffes des Thénardier, l'emmène vivre à Paris dans la maison Corbeau, située boulevard de l'Hôpital, au cœur du vaste empire des miséreux : empire aux frontières floues, marqué par les fameuses barrières qui entourent la ville. Après avoir déposé la fillette de 8 ans endormie sur un lit, Valjean réfléchit à son destin. Surgi de la misère, habité par le désir du mal, pendant les dix-neuf ans qu'il a passés au bagne, il n'a jamais connu, à l'âge de 55 ans, la moindre relation charnelle ou amoureuse. Il est vierge, il n'a aimé ni père, ni mère, ni maîtresse, ni femme, ni ami. Et c'est le fameux évêque Myriel qui a éveillé en lui la conscience du bien en lui offrant les deux chandeliers qu'il avait dérobés sous son toit. Myriel a donné à Valjean la grâce, il l'a initié à la connaissance d'un dieu universel, le dieu du cœur et de l'amour, qui n'est pas exactement le dieu de la religion. Valjean, qui pourtant avait violé les lois de l'hospitalité, a reçu de son hôte les stigmates indélébiles du bien, non sans une certaine violence. À travers sa conversion, imposée par Myriel, il est condamné désormais à faire le bien, à agir pour le souverain bien.

Sous le nom de Madeleine, il est devenu maire de Montreuil et patron d'une fabrique où il a rencontré Fantine, la malheureuse ouvrière, l'ancienne prostituée, persécutée par le policier Javert, lui-même issu de l'acropole des miséreux, mais identifié à la Loi, à la loi répressive, à une autorité sans dieu, à une loi qui méconnaît la véritable souveraineté de la justice et du bien *. Alors que Fantine agonisait, Valjean lui a fait la promesse de s'occuper de sa fille Cosette. Neuf mois plus tard, il va donc la chercher chez les Thénardier où elle a été mise en pension et où elle subit les pires humiliations. Neuf mois : le temps d'une grossesse. Le cœur du forçat, souligne Hugo, est "plein de virginités", et en regardant Cosette il éprouve pour la première fois de sa vie "une extase amoureuse qui va jusqu'à l'égarement". Aussitôt, il ressent les *épreintes*, c'est-à-dire les douleurs de l'accouchement : "Comme une mère, et sans savoir ce dont il s'agit."

Littéralement donc, il accouche d'une enfant et l'amour qu'il lui porte est maternel. De son côté, l'enfant, ayant oublié le visage de sa mère, n'ayant connu

* Au moment de raconter le suicide de Javert, lequel ne comprend pas pourquoi Valjean, son plus grand ennemi, lui a sauvé la vie, Hugo écrit ces lignes : "Que faire maintenant ? Livrer Jean Valjean, c'était mal ; laisser Jean Valjean libre, c'était mal. Dans le premier cas, l'homme de l'autorité tombait plus bas que l'homme du bagne ; dans le second, un forçat montait plus haut que la loi et mettait un pied dessus. Dans les deux cas, déshonneur pour lui Javert. Dans tous les partis qu'on pouvait prendre, il y avait de la chute." *Ibid.*, p. 1040, chapitre intitulé "Javert déraillé".

que les coups, n'ayant aimé qu'une seule fois dans sa vie, non pas un humain, mais un animal – un chien –, regarde cet homme qu'elle va appeler père sans savoir qui il est et sans jamais connaître son véritable nom. Elle va l'aimer au-delà de la différence des sexes, au-delà de toute connaissance de la différence entre une mère et un père, comme un saint, dénué de sexualité.

Lors de cette rencontre, Valjean donne à Cosette des vêtements noirs pour remplacer ses hardes et pour qu'elle puisse porter le deuil de sa mère : une mère dont elle ne sait rien et dont, en réalité, le substitut va être Valjean, lui-même. À ses yeux, Valjean n'est ni jeune, ni vieux mais elle le trouve beau : "La nature, écrit Hugo, cinquante ans d'intervalle, avait mis une séparation profonde entre Jean Valjean et Cosette ; cette séparation, la destinée la combla.

La destinée unit brusquement et fiança avec son irrésistible puissance ces deux existences déracinées, différentes par l'âge, semblables par le deuil. L'une en effet complétait l'autre. L'instinct de Cosette cherchait un père, comme l'instinct de Jean Valjean cherchait un enfant (...) Jean Valjean était le veuf et Cosette l'orpheline. Cette situation fit que Valjean devint d'une façon céleste le père de Cosette *."

Curieuse description ! Hugo fait ici occuper à un homme vierge de tout amour, d'abord la place d'une mère, ensuite celle d'un veuf – veuf de Fantine – de cette Fantine sublime dans sa déchéance, qu'il n'avait pas eu le temps d'aimer, et enfin la place d'un père

---

* *Ibid.* p. 345-346.

céleste, la place de Dieu le père. Valjean aime d'ailleurs tellement Cosette qu'il se met à souhaiter, avec une sorte de joie, qu'elle demeure laide afin de la conserver pour lui toute sa vie.

Le thème de la laideur de Cosette enfant se répète tout au long du roman et notamment au moment où Valjean entre avec elle au couvent sous le nom de Fauchelevent afin qu'elle étudie et qu'elle devienne soit une femme soit une religieuse : la mère supérieure pense alors que si elle reste laide, elle aura le destin d'une religieuse et non pas d'une épouse.

La deuxième scène se situe à la fin du roman, lorsque Cosette, âgée de 18 ans et devenue belle, a épousé Marius. Dès lors, Valjean n'a plus sa place dans cette histoire, il n'a plus rien à faire dans l'histoire d'un amour "normal" entre deux jeunes gens. Après avoir été successivement la mère puis le père de Cosette, il sait qu'il va devoir lui révéler ses origines. Et cette Cosette, qui est désormais l'épouse d'un Marius, passé de la Révolution à la tranquillité bourgeoise, cette Cosette donc, va-t-elle accepter d'être, en réalité, la fille d'une prostituée, née de père inconnu et adoptée par un ancien bagnard ? Marius, qui ignore que Valjean lui a sauvé la vie durant les barricades de 1832, va-t-il accepter d'avoir une telle épouse ? Pour épargner la vérité à Cosette, Valjean se sacrifie : il avoue son passé à Marius, lequel le condamne à ne plus voir sa fille. Ainsi Valjean retourne-t-il à une sorte de bagne, condamné, non pas par la justice des hommes, mais par la sottise d'un gendre qui se condamne à l'aveuglement.

Au lendemain de la noce, dix ans exactement après la scène des *épreintes*, Valjean rentre chez lui rue de l'Homme-Armé. Durant la nuit, Cosette a perdu sa virginité. Elle a cessé de former avec Valjean un couple sublime, un de ces couples dont Hugo raffole * : un couple composé d'un homme vierge, père et mère à la fois, et d'une jeune fille sans nom.

Valjean sait qu'il doit s'effacer et qu'il est condamné à mourir puisqu'il ne possède plus Cosette et qu'il ne sert plus à rien. Dans cette séparation, comme dans les plus folles passions, aucun deuil n'est possible. L'amour finissant ne peut alors se solder que par la mort de l'un des protagonistes : ici, par la mort de celui qui est abandonné.

C'est à ce moment que Valjean pénètre dans la chambre désertée de Cosette, dans cette chambre, débarrassée de tous ses objets féminins, dans cette chambre où plus jamais il ne verra dormir l'être aimé, où plus jamais il n'aura le plaisir céleste de la posséder tout entière. Saisi d'un accès de fétichisme et de mélancolie, au souvenir de celle qu'il ne pourra plus jamais aimer, Valjean retire d'une valise soigneusement fermée à clé, tous les vêtements avec lesquels, dix ans auparavant, il avait revêtu Cosette : "D'abord la petite robe noire, puis le fichu noir, puis les bons gros souliers d'enfant que Cosette aurait presque pu mettre encore, tant elle avait le pied petit, puis la brassière de futaine épaisse, puis le jupon de tricot, puis

* Hugo aime toutes ces formes d'alliances improbables qui inversent l'ordre des généalogies normales : Gavroche, enfant sublime, fils d'un couple monstrueux (les Thénardier), ou encore Quasimodo amoureux d'Esmeralda.

le tablier à poche, puis les bas de laine. Ces bas, où était encore gracieusement marquée la forme d'une petite jambe. Tout cela de couleur noire*."

Happé par le passé, Valjean se souvient alors de la scène du déshabillage de Cosette dans la forêt de Montfermeil où il lui avait fait ôter ses guenilles, par un froid terrible, pour qu'elle enfile les nouveaux vêtements apportés par lui – vêtements de deuil autant que vêtements de vie, puisque grâce à eux, elle sortait de la misère –, il se souvient de la fillette aimée, arborant dans ses bras un double d'elle-même, une immense poupée qu'il lui avait achetée. Et d'un coup, il s'effondre sur le lit, le visage enfoui dans les vêtements de la fillette.

Voilà la donc deux grandes scènes d'amour, d'un amour incestueux – d'autant plus fort qu'il ne sera jamais consommé – entre un père et une fille, entre un père qui après avoir accouché de son enfant, telle une mère, s'abîmera jusqu'à la mort dans la contemplation mystique de ses vêtements, de ces vêtements de deuil dont le noir rappelle le deuil de Fantine. Ces vêtements noirs renvoient aussi au deuil que Cosette ne pourra jamais faire de son père, puisque celui-ci lui laisse en héritage l'impossibilité du deuil, l'impossibilité de toute séparation. L'heureux mariage de Cosette ressemble donc à un cauchemar transformé en *Happy End*.

Et c'est pourquoi Hugo achève ce grand roman des miséreux et des accouplements sublimes et monstrueux

* *Ibid.*, p. 1087.

en évoquant l'épitaphe à moitié effacée, inscrite sur la pierre d'un bien étrange tombeau, situé au cimetière du Père-Lachaise, "aux environs de la fosse commune, loin du quartier élégant de cette ville des sépulcres" : "Il mourut quand il n'eut plus son ange* ".

Elisabeth Roudinesco

Historienne, Docteur d'État ès lettres et sciences humaines, Directrice de recherches au département d'histoire de l'Université de Paris VII, Chargée de conférences à l'École pratique des Hautes études, Visiting Professor à l'Université Middlesex de Londres, Vice-présidente de la Société internationale d'histoire de la psychiatrie et de la psychanalyse, membre du Conseil scientifique de plusieurs revues de psychiatrie ou de psychanalyse, est auteur de très nombreux ouvrages et articles de critique littéraire et d'histoire de la pensée. Parmi ses ouvrages, traduits dans le monde entier, on peut citer *l'Histoire de la psychanalyse en France* (2 vol.) (Ramsay, 1982), (Seuil, 1986), (rééd. Fayard, 1994) ; *Jacques Lacan. Esquisse d'une vie, histoire d'un système de pensée* (Fayard, 1993) ; avec Michel Plon, *Dictionnaire de la psychanalyse* (Fayard 1997, rééd. 2000) ; *Pourquoi la psychanalyse ?* (Fayard, 1999) ; et récemment *Philosophes dans la tourmente*, (Fayard, 2005), *Pourquoi tant de haine ? Anatomie du livre noir de la psychanalyse* (Navarin, 2005). Dernier titre paru : *La part obscure de nous-mêmes : Une histoire des pervers* (Albin Michel, 2007). On lui doit aussi plusieurs films sur la psychanalyse : *Sigmund Freud, l'invention de la psychanalyse* (1997) (France 3 et la 7 Arte), écrit en collaboration avec Élisabeth Kapnist ; *Chercheurs de notre*

---

* *Ibid.*, p. 151.

temps (1999), entretien avec Dominique Bollinger ; *Jacques Lacan, la psychanalyse réinventée,* film documentaire pour la télévision (Arte), écrit en collaboration avec Elisabeth Kapnist.

Danièle SALLENAVE

Jane Eyre, *roman d'amour, roman d'apprentissage*

Danièle Sallenave

pour Paule Constant

J'avais quatorze ans la première fois que j'ai lu *Jane Eyre.*

... Il n'est pas sûr que l'idée que je vais avancer soit promise à un grand avenir : il est même probable que tout conduit les nouvelles générations (en particulier, ô paradoxe !, le système actuel d'enseignement, l'enseignement des Lettres) vers des modèles radicalement différents. Cette idée c'est que notre vie est durablement orientée par des lectures, en particulier celles que nous avons faites au moment où se posaient, avec la plus grande vivacité, les questions essentielles : sur « la vie », l'amour, la responsabilité, le choix de telle ou telle façon de se gouverner, sur les rapports des sexes etc. J'appartiens à ce monde, je le partage avec la masse innombrable des lecteurs pour qui lire a toujours été autre chose qu'une distraction : une expérience vitale, un moment où placé dans – ou devant – des situations imaginaires, chacun est convié à en méditer la leçon. Même s'il n'en est qu'à demi conscient.

J'ai choisi de parler de *Jane Eyre* parce que c'est un des grands romans d'amour de la littérature universelle, mais j'aurais pu parler de ce livre à un autre titre, celui que j'évoquais plus haut : parce que c'est un des premiers livres qui m'aient, quand je l'ai lu la première fois vers l'âge de quatorze ans, ouvert l'esprit – l'âme, le cœur – à un univers de préoccupations que je ne soupçonnais encore qu'à demi. L'autre, c'est *Crime et Châtiment*. Le second me faisait brutalement pénétrer dans un univers qui m'était radicalement étranger : la Russie du XIXe siècle, la sauvagerie du meurtre, la folie du raisonnement qui y mène, la lente montée vers l'aveu et la rédemption. J'y suis pourtant entrée de plain-pied : c'est ainsi qu'on se découvre, par les voies qu'un livre ouvre en nous – voilà pourquoi il faut faire lire, même aux jeunes enfants, des livres « qui ne sont pas faits pour eux » et non de la littérature « jeunesse », cette chose ciblée, préfabriquée, nourrie de la bonne pensée d'aujourd'hui.

Pour revenir au premier, *Jane Eyre*, en revanche, c'était différent, son univers ne m'était pas absolument étranger, quelque chose de l'ordre d'une identification était possible, ne serait-ce que parce que c'était une jeune fille qui parlait à la première personne (Je ne dis naturellement pas qu'une femme (une jeune fille) ne peut s'identifier qu'à une héroïne : c'est précisément parce qu'on peut s'identifier à un personnage de l'autre sexe que chacun des sexes découvre l'universalité de la condition humaine à travers des situations particulières) Le récit s'ancrait, en outre, dans un monde que je pouvais imaginer et comprendre. L'Angleterre de 1840, encore largement rurale, n'était pas si différente de cette France rurale du milieu des années cinquante du siècle dernier. J'étais passée directement de l'école de village où j'étais née à l'internat d'une ville dont je ne connaissais que la rumeur par-dessus les hauts murs du lycée. L'enfance de Jane Eyre, son séjour dans l'abominable pension de Lowood, dirigée par l'affreux M. Brocklehurst, c'était l'envers négatif de ce qu'avait été ma propre enfance, et de ce qu'était le lycée, mais un monde familier tout de même. C'était en quelque sorte ce à quoi j'avais échappé, élevée dans une famille aimante, instruite dans un cadre rigoureux mais protecteur. Surtout, et sans que j'en aie encore pleinement conscience, j'étais subjuguée par la narration elle-même : un récit écrit en première personne, dans une langue parfaitement maîtrisée, faisant alterner la vision des choses et leur commentaire, les événements vécus et leur retentissement sur la personne. Peut-être est-ce de cela que j'ai gardé la plus haute leçon : je le lisais en français, bien sûr, je ne l'ai lu que très tard en anglais, mais l'armature d'un récit, ses scansions, sa prosodie sont éléments éminemment « traductibles », et ils correspondaient à ce que j'attendais d'un récit – ou bien ils l'ont éveillé ? Je me suis toujours portée, par la suite, vers ce type d'écriture, soit pour lire, soit pour enseigner, soit enfin et surtout pour écrire.

Je découvrais en même temps, avec Jane Eyre, avant même d'y lire un très grand roman d'amour, un roman d'éducation, d'apprentissage : ou plutôt, les deux se trouvèrent immédiatement et étroitement unis. Jane fait son entrée – se prépare à entrer – dans sa vie de jeune femme pauvre et modérément belle : elle en tient le plus grand compte, sachant que de par la condition faite aux femmes, la beauté physique est un élément majeur de leur destin (pas forcément du reste « une chance »). Jane aime les études, est douée, intelligente, sérieuse, appliquée – cela aussi, c'était des modèles qu'on me proposait, et que je m'efforçais d'appliquer : il y avait là un élément d'identification extrêmement fort, à n'en pas douter. Elle est en même temps imprégnée d'une religiosité totalement absente du milieu où j'étais plongée, au même âge, tout en m'étant assez proche, finalement, sur le plan d'une morale – on l'a souvent observé – commune aux milieux protestants et aux milieux laïques de la France d'alors. Son destin de jeune fille instruite est celui de gouvernante : je m'en suis probablement souvenue en écrivant il y a quelques années *La Fraga*, dont l'héroïne est une fille de pasteur de Nouvelle-Angleterre, quoique, sur le moment, je n'y ai pas un instant songé. Et nous aussi, jeunes filles de la fin des années 50, nous nous préparions (plus ou moins, c'était encore un peu tôt) à enseigner – destin tout tracé, dans lequel ou contre lequel il faudrait trouver sa voie…

En relisant *Jane Eyre*, je mesure aujourd'hui ce que j'ai pu projeter de moi-même, de mon propre avenir, dans cette lecture. Il en va ainsi de tous les livres qu'on a aimés, qui ont compté pour vous, dans votre formation : en les relisant, on voit ce qu'on était, qui est resté çà et là, épars.

Roman d'éducation, roman d'apprentissage, et donc roman d'amour : la liaison est évidente. L'épreuve de l'amour, la rencontre amoureuse, sont évidemment au centre des préoccupations de l'adolescence, et certainement sous une forme particulière selon le sexe : pour des raisons essentiellement culturelles, chacun des sexes étant formé, dès la plus tendre enfance, en vue de destins foncièrement différents – dans l'Angleterre victorienne, mais aussi dans la France qui venait il y a si peu de temps, de donner enfin le droit de vote aux femmes ! Mais dans le cas de Jane Eyre, quelque chose de nouveau se mettait en place sous mes yeux : à aucun moment Jane ne considère que la rencontre amoureuse et/ou le mariage sont le but de sa vie, encore moins le moyen d'échapper à un destin médiocre. Au sein de la totale inégalité des sexes, elle est une femme libre dès son adolescence, parce qu'elle est obligée de se prendre en charge, n'ayant ni famille, ni soutien, ni argent, ni appui – ni beauté. Cette détermination éclatera au grand jour lorsque, ayant quitté volontairement la maison de Rochester puisqu'il n'y a aucune issue possible à l'amour qui les unit, elle passe symboliquement la nuit dans un fossé – sans argent, sans nourriture – avec seulement, au fond d'elle-même, sa résolution et la certitude qu'elle a bien agi. Naturellement, à travers cela, se disait l'étendue incroyable de la propre résolution de l'auteur, Charlotte Brontë, et la nature incroyablement nouvelle de leur propre aventure, à elle et à ses sœurs. De cela non plus, je n'étais pas avertie, à quatorze ans, mais j'en étais le témoin ; c'est ainsi qu'on « apprend à vivre » : par la pensée, par l'émotion, par le cœur, par le témoignage, par l'imagination et par l'exemple.

Mais n'anticipons pas. L'arrivée de Jane dans la maison où elle va accomplir ses fonctions se signale par une espèce d'étrangeté, due au peu d'expérience qu'elle a du monde : elle prend l'intendante de la maison pour sa propriétaire. Le ou les maîtres de maison sont absents, un mystère plane sur leur identité. « *Aimez-vous Thornfield ?* » *me dit-elle à mon réveil.* « *Je lui dis que je l'aimais beaucoup* ». *(...)*»*Je crains qu'il ne s'abîme* » *répondit Mrs Fairfax, à moins que M. Rochester ne se mette dans la tête de venir y résider en permanence* ». *(...)* «*M. Rochester ! m'écriai-je. Mais qui est-ce ? – Le propriétaire de Thornfield, répondit-elle tranquillement.* Jane découvre en même temps qu'elle a un « maître » car il n'est pas question d'une épouse, et que Mrs Fairfax est la femme de charge : elle s'en réjouit plutôt, car elle a naturellement de l'estime pour ceux qui travaillent pour gagner leur vie. Elle ne se départira jamais de ce point de vue, allant même jusqu'à répondre non sans intrépidité à Rochester qu'étant payée par lui, elle ne peut lui parler aussi franchement qu'il le lui demande... Quant à l'enfant, sa pupille, il est dit clairement que Rochester en a la charge et non qu'il est son père.

Ni la situation, pour le moins étrange, ni la personne de M. Rochester ne tourmentent Jane, bien davantage occupée à prendre possession, par la réflexion, le silence, les promenades, de ses fonctions, et des lieux où elle a été amenée à vivre. L'inquiétude est son lot, et elle la connaît « parfois presque jusqu'à la douleur » ; quand elle regarde « l'horizon large », elle sent un vertige à l'idée du « monde agité, des villes, des régions pleines de vie » qu'elle n'a jamais vu. Son cœur se gonfle dans une attente indéterminée, quand elle songe aux révoltes qui couvent dans les cœurs trop contraints. Ceux des femmes surtout : « *On suppose les femmes généralement très calmes, mais les femmes sentent comme les hommes ; elles ont besoin d'exercice pour leurs facultés, et de champ pour leurs efforts, tout comme leurs frères ; elles souffrent d'une contrainte trop rigide, et il est mesquin de la part de leurs semblables plus privilégiés, de dire qu'elles doivent se borner à faire des puddings, à tricoter des bas, à jouer au piano et à broder des sacs. Il est stupide de les condamner, ou de se moquer, si elles cherchent à faire davantage, à apprendre plus que ce que la coutume a déclaré nécessaire à leur sexe ».*

Ainsi parle Jane : ainsi pense Charlotte Brontë. (Petite parenthèse engagée : je ne serais pas étonnée – je n'ai rien lu de ce qu'on a écrit sur elle et ses sœurs – qu'on lui reproche de manifester là quelque « complexe de virilité » parce qu'elle revendique de ne pas être exclue du monde de l'action, de la connaissance, de la pensée ! Le féminisme « différentialiste » a tellement gagné de terrain aujourd'hui) Inquiète et sensible, Jane malgré son très jeune âge – elle n'a guère que dix-huit ans – se laisse emporter par les « rêveries brillantes » que la solitude favorise : rien ne lui fait peur, ni les landes et les bois, ni les grands couloirs de cette maison déserte, sauf le rire étrange qu'elle a entendu, venant d'une des petites pièces sous les combles. Pas un instant sa rêverie ne se tourne vers cet énigmatique M. Rochester, comme on pourrait l'attendre d'une jeune fille conventionnelle : mais Jane n'en est pas une. C'est un esprit libre, qui répugne aux idées toutes faites, ne se croit pas obligée par exemple de trouver charmante sa petite élève, et de lui livrer la « dévotion idolâtrique » qu'on voue classiquement aux enfants. Les affreux enfants de sa tante, Mme Reed, chez qui elle a passé ses premières années sont là pour nous rappeler que tous les enfants ne sont pas aimables.

Il n'y a chez Jane aucune sentimentalité mièvre ; tout doit être mesuré à l'aune de son jugement, et de la vérité.

Chacun des mots de Jane, je m'en rends compte aujourd'hui, a dû peser pour moi de tout son poids, car ils rencontraient quelque chose à quoi nul être humain ne peut échapper : une question que l'enfant, l'adolescent se pose. Une question qu'on se pose peut-être avec plus d'urgence encore quand le destin vous a faite femme. De quoi mon avenir sera-t-il fait ? Quel compte dois-je tenir des images qu'on me donne de la « féminité », des modèles qu'on me propose ? J'avais la chance d'être l'enfant d'un couple qui pratiquait dans tous les ordres de la vie une parfaite égalité, tout en maintenant une espèce de partage des rôles qui semblait volontairement choisi – je découvre aujourd'hui qu'il était tout de même en grande partie hérité. Mais ce que je voyais autour de moi, dans ma famille, chez nos amis, partout, c'était comme le son d'une basse continue, dont les accords graves pèsent sur toute la mélodie : être une femme, ce n'est pas être entièrement libre. Il y a des choses qui leur sont interdites, d'autres qui leur sont suggérées, voire imposées. Pourquoi ? Quelle raison à cela ? Pourquoi la poupée et le landau miniature pour nous, et pour « eux » les pièces du Meccano ? Pourquoi ? Les femmes étaient la plupart du temps plus gaies, plus souriantes, que les hommes ; mais elles étaient contraintes, assignées à certaines mystérieuses limites. Pourquoi ? Je ne le démêlais pas. Et quand elles se retrouvaient entre elles, leurs conversations « de femmes » m'effaraient. Par exemple, entre elles, elles ne parlaient pas de politique. Ce n'est pas que la politique m'attirait particulièrement : c'est un exemple. Quand elles refermaient leur cercle pour des confidences dont les hommes s'excluaient d'eux-mêmes, comme s'ils n'avaient pas les uns et les autres appartenu à un monde commun, je me rassurais en pensant aux repas où mes parents échangeaient de longs commentaires paisibles sur leurs lectures. Mais je n'étais pas entièrement tranquille.

Toutes ces raisons font que les circonstances éperdument romanesques de la première rencontre avec Rochester me semblèrent parfaitement naturelles. La nature rêveuse de Jane, solidement appuyée par ailleurs sur la réflexion et ses lectures, les incidents graves et douloureux de sa jeune existence, l'élan passionné qui la poussait vers la « vie » et vers un monde dont elle ne savait rien mais qu'elle imaginait plein de promesses, tout cela composait un tableau d'une grande sûreté, d'un grand équilibre où je ne mesurais pas, du reste, la part due à l'expression stylistiquement très maîtrisée de Charlotte Brontë. Sensible, émotive, orgueilleuse, Jane n'a peur de rien malgré son extrême fragilité – de jeune fille, de femme à l'avenir bien étroit. Elle est sortie porter une lettre et marche dans une campagne qu'elle a appris à aimer, la nuit tombe, ses yeux sont fixés sur le ciel où la lune commence à monter. Son esprit est tout occupé de rêveries « sombres et brillantes » et de l'éveil en elle d'une vigueur inconnue, quand sur le chemin au bord duquel elle est assise, déboule un grand chien noir bientôt suivi d'un cheval et de son cavalier. Un instant elle a songé au Gytrash, le chien démoniaque dont lui parlait la servante Bessie, mais elle ne s'y attarde pas. Un fracas suivi de jurons l'oblige à se retourner : l'homme et le cheval sont à terre. – On glosera longuement sur cette image du héros désarmé, de la virilité blessée : elle reviendra régulièrement, jusque dans le happy end final entre Jane et Rochester, aveugle, mutilé dans l'incendie de son manoir. Il suscitera en Jane un dévouement qu'on aurait tort de qualifier de typiquement féminin : à sa manière aussi, Rochester est un homme compatissant et bon. C'est l'amour qui dicte à Jane sa conduite, non la règle et la loi ; et elle souhaite autant que lui qu'il retrouve sa force perdue : elle n'en profite pas pour sournoisement le dominer. Elle l'aime si exclusivement que la naissance de leur enfant ne fait pas l'objet d'un long attendrissement – ce qui indigne l'éditeur de *Jane Eyre* en Livre de poche : « On s'étonne, dit-il, qu'elle passe si vite sur cet épisode capital dans la vie d'une femme ». Pas dans celle de Jane Eyre : l'épisode capital, c'est sa rencontre avec Rochester, n'en déplaise à la Sorbonne.

Poursuivons. Jane n'éprouve nulle peur, nulle faiblesse « féminine » devant le sang ou le danger, elle se précipite aussitôt au secours de l'homme qui lui intime l'ordre de se reculer, tandis qu'il remet le cheval sur ses pattes. L'homme la rassure plutôt par la rudesse de sa voix, la rudesse de ses traits. Elle aurait aussitôt pris la fuite devant un gentleman élégant et beau, assurée qu'il « ne pourrait avoir aucune sympathie pour quoi que ce fût » en elle. Seul le cheval, qui s'ébroue et se cabre la fait hésiter, mais elle prête une épaule au cavalier qui se hisse en selle, et disparaît dans le grondement des fers sur les pierres du chemin.

Elle connaît si peu le monde ! Elle n'a même jamais parlé à un jeune homme ! Ce qui l'intrigue, et elle le relève aussitôt, c'est chez cet homme (que contrairement au lecteur ! elle n'imagine pas un instant être Rochester) les marques de la « masculinité », sa rudesse, encore une fois, ce visage « sombre et sévère ». Ses paroles mêmes, les étranges questions qu'il lui a posées sont une autre source de réflexion. Le lecteur l'a remarqué : il adresse à Jane des questions dont il a évidemment la réponse (« A qui est cette maison ? ») Elles sont destinées à la faire parler, preuve évidente que déjà il s'intéresse à elle. C'est là une des équivoques délicieuses de la conscience lisante : on hésite entre deux points de vue, celui de la narration, qui nous convie à saluer l'entrée en scène de Rochester, celui de la protagoniste, qui est encore dans l'ignorance, et profite sans le savoir de cette ignorance pour mettre dans son esprit les choses au point.

... Il faudrait suivre point par point l'histoire de cette double découverte de l'amour – chez une jeune fille, qui n'en a aucune expérience, chez un homme qui, classiquement, en a connu les figures habituelles, celles du désir, de la passion, de la désillusion. En cela, Charlotte Brontë ne rompt pas avec le modèle reçu : on imagine mal du reste comment elle aurait pu écrire le roman d'un jeune homme inexpérimenté rencontrant une femme qui a vécu ! Mais à l'intérieur de ce modèle, elle met en place toute une série de ruptures qui le sapent. La version romantique du « coup de foudre » – mis en scène dans l'épisode de la chute de cheval où chacun d'eux révèle ses traits particuliers à l'autre – s'impose : mais il est suivi aussitôt d'une série de mises à l'épreuve où, là encore, le lecteur adopte, puis quitte le point de vue de Jane, censé être le seul. Nous le voyons se dégager de cette vue focalisée sur lui, et apparaître dans toutes les qualités singulières qui font de lui un homme « à part », comme elle est une jeune fille « à part ». Tous deux, en effet, échappent aux déterminations de leur position sexuelle et sociale : Jane n'est pas la gouvernante coquette qui cherche à se faire épouser ; elle n'est pas non plus l'austère personne qu'elle-même croit être. Sa sensualité s'éveille vite dans la proximité de Rochester et, lorsque la découverte qu'il est marié l'oblige à fuir, c'est qu'elle ne peut faire autrement si elle veut respecter la morale qui l'inspire : restant auprès de lui, elle aurait tôt fait de devenir sa maîtresse et de fuir avec lui en Italie ou ailleurs, là où ils ne seraient pas connus. Du reste, lors de l'aveu de leur amour réciproque, elle n'hésite ni à l'embrasser, ni à s'asseoir sur ses genoux.

Elle échappe si entièrement au modèle convenu qu'elle ne ressent aucun sentiment d'infériorité sociale devant celle que Rochester, pour l'éprouver, feint de courtiser. Pas davantage n'est-elle envieuse de son évidente beauté. Elle n'est pas jalouse de Blanche Ingram *parce qu'elle la place trop bas*. Le mépris que lui inspire cette héritière arrogante et finalement intéressée éclate à chaque page. Reste la douleur de penser que si Rochester est un homme tel que sont les hommes de sa classe, il est naturel qu'il lui préfère l'héritière. « Regarde-toi, Jane » dit-elle à son miroir. Elle n'acceptera donc de reconnaître pleinement son amour pour Rochester qu'en constatant qu'il lui est interdit. Elle est et se sent autonome, « complète » : cet amour ne lui est pas nécessaire pour être. Ni pour combler un manque. En se réalisant, il la ferait accéder à un ordre de vie qu'elle ne connaîtra pas sans lui. Mais pas à n'importe quel prix.

Mais Rochester – je le comprends infiniment mieux maintenant – est un héros digne d'enthousiasmer une fille libre comme l'est Jane, et de se faire aimer d'elle. Il a très vite eu la révélation de la futilité de certaines femmes, de leur frivolité intéressée (la danseuse, mère de sa petite protégée), de l'avidité des héritières prêtes à céder leur corps pour un titre et un château. En face d'elles, Jane est exactement la femme qu'il lui faut : à cause de sa rigueur, de sa liberté. Même son absence apparente de beauté est d'abord, il le devine, le signe d'un refus : celui d'une coquetterie sans avenir. Son mariage malheureux a fait de lui une victime plus qu'un coupable : la vérité lui a été cachée, et il accepte d'en porter le poids comme il accepte d'élever une fillette dont il est sûr de ne pas être le père... Leur égalité est donc entière. On le voit bien, dans l'épisode où Jane surveille et soigne Mason, que sa sœur, l'épouse démente et séquestrée de Rochester, a cruellement mordu à l'épaule. Elle est son égale, et elle le lui rappelle énergiquement lorsque Rochester lui fait le feint aveu de son mariage, et qu'elle lui déclare son intention de partir : *« Mon âme vaut la vôtre et j'ai au moins autant de cœur ! »* Quelques minutes plus tôt, il s'est entièrement livré, à travers une image bien dans sa manière étrange et joueuse de parler : « *C'est comme si j'avais un cordon attaché quelque part sous mes côtes gauches noué fortement et de manière inextricable à un cordon similaire situé dans la partie correspondante de votre petit corps!* « Elle a résisté, elle a tenu bon : « *C'est mon esprit qui s'adresse au vôtre comme si tous deux nous avions traversé la tombe et que nous nous trouvions aux pieds de Dieu, égaux... ce que nous sommes !* ». « *Ce que nous sommes, répéta Rochester* » et il lui en donne acte aussitôt « la serrant sur sa poitrine, et pressant ses lèvres » contre les lèvres de Jane.

On n'en finirait pas, si on voulait déployer dans toute leur extension, les preuves que donne cette étrange petite gouvernante, raisonneuse et sensible, d'une inflexible détermination : elle veut aimer, elle accepte d'aimer, elle ne veut pas cesser d'être libre. Libre, elle ne le serait pas en le suivant à Naples ou Capri ; libre elle ne le serait pas en l'épousant pour sa fortune et son nom. Croyant l'avoir perdu à jamais, désespérée, elle trouve cependant le réconfort en ouvrant une petite école. Et elle refuse sagement d'épouser le jeune pasteur, beau comme sont les dieux grecs, mais froid comme le marbre dont leurs statues sont faites. Elle ne l'aime pas. Point. Auprès de lui, elle serait une femme soumise. À l'évangile, à la tâche ingrate de femme de missionnaire. Cet avenir lui fait froid dans le dos ; elle attend. Une heureuse fin la réunit à Rochester : romanesque en diable, mais pourquoi pas ?

... *Jane Eyre* fait partie de ces œuvres-clés, de ces œuvres-phares qui illuminent une éducation, ouvrent à l'apprentissage de la vie, nourrissent l'élan vers elle, et forgent ce besoin, qui durera autant que nous, de toujours s'aider des livres pour faire retour sur l'expérience vécue.

Danièle Sallenave

Normalienne et agrégée de lettre, Danièle Sallenave a fait une carrière universitaire en enseignant la littérature et le cinéma. Auteur de plus d'une vingtaine d'ouvrages, elle explore la littérature dans la diversité de ses formes : romans, récits, nouvelles, dialogue théâtral, carnets de voyage, essais. Des *Portes de Gubbio*, **Prix Renaudot** en 1980, à *La Fraga*, **Prix Jean Giono** en 2005, roman de formation d'une femme peintre dans la Venise de 1900, en passant par *Un printemps froid* (1983), recueil de nouvelles exemplaires, par les *Carnets de route en Palestine occupée* (1998) où elle nous fait partager son engagement pour la question palestinienne et un autre éclairage que celui des médias, par *D'amour* (2002), biographie croisée de deux êtres qui lui furent chers, et par *Dieu.com* (2003), un manifeste pour une éducation à la liberté, s'élève la voix d'un auteur persuadé que seule la littérature permet d'accéder à la vraie vie et qu'une vie racontée est une vie sauvée. Elle est membre du jury du Prix Fémina. Le **Grand Prix de littérature de l'Académie française** lui a été décerné en 2005 pour l'ensemble de son œuvre. Dernier titre paru : *Castor de guerre* (Gallimard, 2008).

Anne-Marie MITCHELL

Baisse un peu l'abat-jour

Anne-Marie Mitchell et Pixie

Paul Géraldy était intimiste et sentimental. Ses poèmes triomphèrent, pourtant, en 1913, de toutes les volontés d'émancipation en lutte contre la vieille garde. Aucun des quinze intervenants aux journées organisées par Paule Constant ne choisit le chantre de la bourgeoisie mondaine, mais c'est à lui que je pensai dès qu'une douce lumière se rabattit dans l'Amphithéâtre Zyromski, plus comble que jamais. Moins « sages » sans doute que les lecteurs de Géraldy, les participants n'ont pas attendu la fin de leur intervention pour lever l'abat-jour. Passant ainsi de la lumière tamisée de la retenue à la révélation de leur chaste « indécence », les écrivains/lecteurs (mais la littérature n'est-elle pas la rencontre de deux âmes ?) nous ont admis à pénétrer dans la chambre la plus secrète de leurs amours inavouées.

Si le XIXe a vu naître le roman sentimental, le thème de l'amour prit racine dès l'instant où l'écriture se fixa dans le sol de l'imaginaire des hommes. Michel Déon, Robert Kopp, Anne-Marie Garat et Björn Larsson nous l'ont admirablement rappelé lors de leur hommage rendu à Homère (Ulysse et Nausicaa), Platon (dont *Le Banquet* fut plus sensuel qu'éthéré), Saint Augustin (ce vertueux qui tomba dans la chaudière des sales amours où il désirait être pris), et à *Tristan et Yseut*. Sautant la barrière des siècles, Michèle Gazier se découvrit devant Don Quichotte dont l'imagination fit de Dulcinée le synonyme de la femme aimée. Quant à Pierre Lepape, il sortit Diderot de son paradoxe et nous le fit entendre avec des accents plus personnels. Il est vrai que le philosophe écrivait à sa maîtresse. Mais dans l'art d'écrire des lettres, et ce n'est pas Christiane Baroche qui me contredira, rien n'est plus à l'amour que ces liaisons dites dangereuses. Aussi fûmes-nous vaincues, nous femmes superbes, qui avons osé croire que nous pourrions résister au charme de Valmont !

Trois décennies après la mort de Diderot paraissait *Adolphe*. Si pour Camille Laurens le protagoniste de Benjamin Constant est un infirme du sentiment, il n'en demeure pas moins qu'il fut une des victimes des exigences de la passion et que son amour pour Ellénore crée « comme par enchantement, un passé dont il nous entoure ». Avec Adolphe naquit en Angleterre Charlotte Brontë. Danièle Sallenave, Jane Eyre d'un soir, communiqua à son public la violente émotion ressentie par cette femme à l'heure où le destin la choisit pour devenir la maîtresse absolue de l'amour. Un demi-siècle plus tard, *Les Misérables* de Victor Hugo déclinaient l'amour sous toutes ses formes. C'est ce sentiment qui redonne aux personnages leur dignité qu'Elisabeth Roudinesco a salué. Transportée sur *Les Ailes de la Colombe* de Henry James, Mona Ozouf fut un ravissement, même si elle nous ramena dans les régions les plus sombres de l'amour, celles du doute. James ne pouvait ignorer ce vers de Shakespeare : Il vaut mieux être trompé tout à fait que d'avoir le moindre soupçon.

Si les participants ont eu, en toute pudeur, à se dévêtir, c'est déshabillé de tous ses désirs refoulés que Stéphane Heuet se présenta devant nous. Jamais remis de sa rencontre avec l'*Antinéa* de Pierre Benoît, il nous révéla le plaisir inégalé de l'initiation aux mystères de l'amour. Quatre-vingts ans séparent Jane Eyre de Lady Chatterley. Glorieux instant où Christine Jordis bouleverse la transfiguration spirituelle et la transmute en une hallucination érotique à laquelle Lawrence et son garde-chasse n'auraient pas été indifférents ! *La Confession impudique* de Tanizaki (mais ne serait-elle pas aussi celle de l'intervenant ?) est à mettre dans les annales des Journées des Écrivains du Sud. Au mieux de sa forme, Gilles Lapouge nous régala d'un plat des plus épicés servi à la table d'un professeur d'université et de sa jeune épouse dont le corps agit sous l'empire des sens. Une autre confession, plus pudique, fut celle d'Alain Mabanckou : « C'est *L'Amour au temps du choléra* qui me fit découvrir les romans d'amour. » J'espère que le Prix Renaudot 2006 n'attendra pas 50 ans 4 mois et 10 jours pour s'inventer une histoire passionnelle. Ce n'est pas moi qui le demande, c'est son porc-épic...

Cet article ne saurait s'achever sans une mention spéciale pour deux outsiders : le roman-photo de Daniel Picouly et les Delly, frère et sœur sublimés par la sublime Anne-Marie Garat. Trop souvent décriée, l'écriture populaire reçut, ce soir-là, ses lettres de noblesse. Après tout, l'organisation des romans roses n'est pas très différente de celle des Brontë : rencontre, obstacles, conjonction finale. Certes, la Littérature a du style et du panache. Mais j'ai autant frémi oiselle au *Drame de l'étang aux biches* que demoiselle à la lecture des *Hauts de Hurlevent*. Tant il est vrai, comme le signala Björn Larsson, que lorsqu'on nous parle d'amour, l'envie nous prend d'aimer. Il est des jours où les romans nous lisent.

Anne-Marie Mitchell

Critique littéraire, écrivain et professeur d'anglais, Anne-Marie Mitchell a deux passions : la littérature et le monde animal. Elle a publié de nombreux ouvrages, parmi lesquels *George Sand* (Le Temps Parallèle, 1985), *Guillevic* (LTP, 1989), *Ismaïl Kadaré* (LTP, 1990) et sept romans : *Ananse*, (LTP, 1988) ; aux éditions Autres Temps : *Refuge* (1991) *Malavoglia*, (1993), *Gianu* (1995), *Les Autoroutes du massacre*, (1998), *Opération sang contaminé* (1999) ; aux éditions Transbordeurs : *L'humain me fatigue. Voyage avec mon chat* (2007).

LES JOURNÉES DES ÉCRIVAINS DU SUD

journées 2003
COMMENT J'AI LU JEAN GIONO,
L'Atelier du roman, Paris, mars 2004.

journées 2004
COMMENT J'AI LU DES ROMANS D'AVENTURE,
éditions Transbordeurs, 2005.

journées 2005
COMMENT J'AI LU DES CONTES DE FÉES,
éditions Transbordeurs, 2006.

journées 2006
MON HÉROS PRÉFÉRÉ,
éditions Transbordeurs, 2007.

TABLE DES MATIÈRES

Achevé d'imprimer
sur les presses de
l'imprimerie Agpograf – Espagne
pour le compte des
éditions **transbordeurs**
97, traverse de la Gouffonne
13009 Marseille

avec le soutien de Matmata

Dépôt légal : février 2008
ISBN : 978-2-84957-130-9

maquette :
transbordeurs*graphisme*

Imprimé en U.E.